U0893752

汽车发动机实训手册

冯文英　邓迟顺　◎ 主编

贵州科技出版社

图书在版编目(CIP)数据

汽车发动机实训手册 / 冯文英，邓迟顺主编. -- 贵阳：贵州科技出版社，2020. 1

ISBN 978-7-5532-0788-9

Ⅰ. ①汽… Ⅱ. ①冯… ②邓… Ⅲ. ①汽车—发动机—故障检测—技术手册②汽车—发动机—车辆修理—技术手册 Ⅳ. ① U472.43-62

中国版本图书馆 CIP 数据核字（2019）第 168275 号

汽车发动机实训手册
QICHE FADONGJI SHIXUN SHOUCE

出版发行	贵州科技出版社
地　　址	贵阳市中天会展城会展东路 A 座（邮政编码：550081）
网　　址	http：//www. gzstph. com
出 版 人	熊兴平
经　　销	全国各地新华书店
印　　刷	河北盛世彩捷印刷有限公司
版　　次	2020 年 1 月第 1 版
印　　次	2020 年 1 月第 1 次
字　　数	261 千字
印　　张	16
开　　本	710 mm × 1000 mm　1/16
书　　号	ISBN 978-7-5532-0788-9
定　　价	58.00 元

天猫旗舰店：http：//gzkjcbs. tmall. com

前 言

随着汽车的逐步普及和交通运输业的飞速发展，现代社会对汽修专业人员的需求日益增大，对他们要掌握的知识和技能的要求也不断提高，这就对相应的职业培训提出了更高更新的要求。为了更好地满足社会对汽修专业技能人才的需求，有效地服务汽修行业的发展，逐步构建以职业能力为核心的课程体系，强化专业实践教学，我们在《汽车发动机构造与维修》一书的基础上，编写了这本实训手册。

本书的设计思路以实用为准则，全面落实“以就业为导向、以全面素质为基础、以能力为本位”的人才培养指导思想，借鉴当代职业教育发展的最新理论与技术，按照人的职业成长规律，设置了汽修专业设计理论与实践一体化的学习情境，即通过引领学生完成一个个典型工作任务，使其体验真实的工作过程，促进学生综合职业能力的发展，有利于汽修专业的初学者迅速成长为技术能手。

本书通过项目教学法引入学习任务，将知识与趣味性巧妙融合，以图代文、图文并茂形象直观的形式，使学生乐于学习。融“教、学、做”为一体，实现“做中学，做中教”。将典型的工作过程转化为相应的教学任务，注重对学生操作规范化、职业化的培养，力求体现“能力本位”的现代教育思想和理念，突出实践技能训练和动手能力培养的特色，使“理论为实践服务”和“理论够用为度”成为可能。

本书设置了实训内容、实训场地、实训设备、知识链接、实训流程等5

个板块。这既是教师教学的过程，也是学生学习的过程，有利于促进学生的自主学习，形成良好的职业素养。

由于编者水平有限，书中错误及疏漏在所难免，敬请读者提出宝贵意见，以便进一步完善。

编　者

2019年6月

目录

项目1　汽车发动机总体构造

任务1　汽车发动机的构造及工作原理

实训内容

汽车发动机拆装原则、操作步骤。

实训场地

理论与实践一体化汽修专业实训教室。

实训设备

（1）装备齐全的汽油发动机和柴油发动机各 1 台。

（2）拆散但机件齐备的汽油发动机和柴油发动机各 1 台。

（3）透明能运转的发动机 1 台。

（4）能运转的发动机解剖教具 1 台。

（5）发动机及各系统的电动示教板 1 套。

知识链接

一、发动机的组成

汽油发动机（简称汽油机）通常由两大机构、五大系统组成，柴油发动机（简称柴油机）则由两大机构、四大系统组成。“两大机构”是指曲柄连杆机构和配气机构，“五大系统”是指燃料供给系、润滑系、冷却系、点火系（柴油机无此系统）和起动系。汽油机的组成如图 1–1 所示。

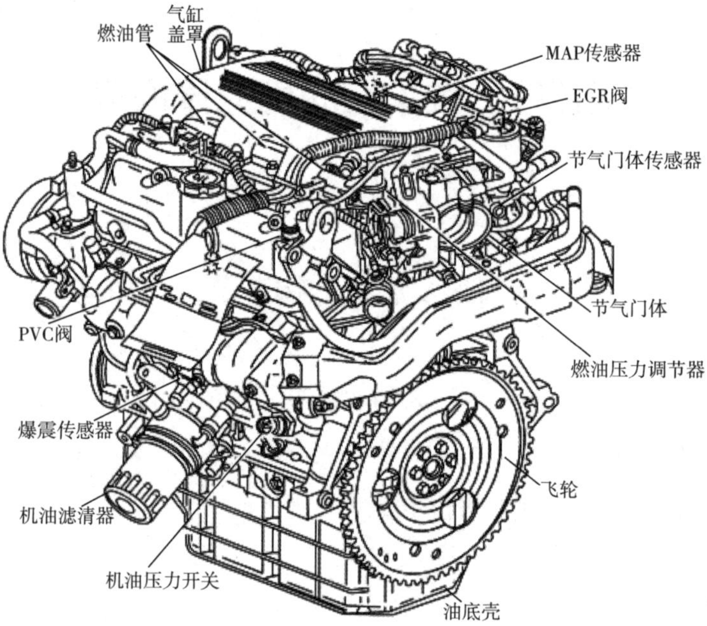

图1–1　汽油机的组成

1. 曲柄连杆机构

曲柄连杆机构的作用是将燃料燃烧产生的热能转变为活塞往复运动的机械能，再通过连杆将活塞的往复运动转变为曲轴的旋转运动而对外输出动力。

曲柄连杆机构由机体组、活塞连杆组和曲轴飞轮组三部分组成。

2. 配气机构

配气机构的作用是使可燃混合气体及时充入气缸，并及时将废气从气缸中排出。

配气机构由气门组及气门传动组组成。

3. 燃料供给系

燃料供给系的作用是将一定浓度和数量的可燃混合气体（或空气）送入气缸以供燃烧，并将燃烧生成的废气排出。

化油器式汽油机燃料供给系包括汽油箱、汽油泵、汽油滤清器、化油器、空气滤清器、进气管及排气管、排气消音器等，如图 1–2 所示。

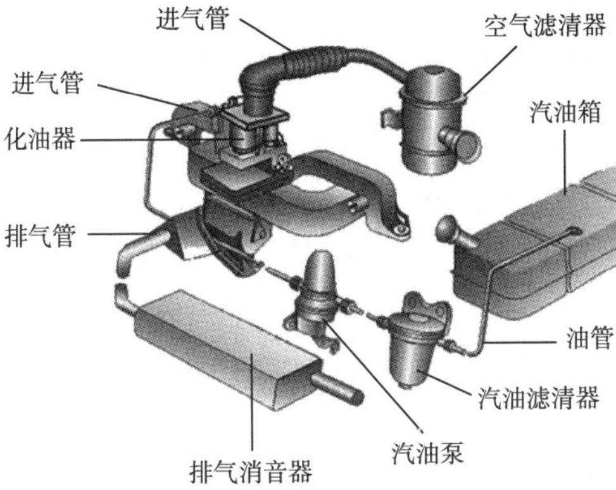

图1–2　化油器式汽油机燃料供给系

电控直喷式汽油机燃料供给系在传统燃料供给系的基础上取消了化油器，取而代之的是电子控制单元（ECU）、各种传感器和执行器，能精确控制空燃比，使发动机性能得到提高，如图 1–3 所示。

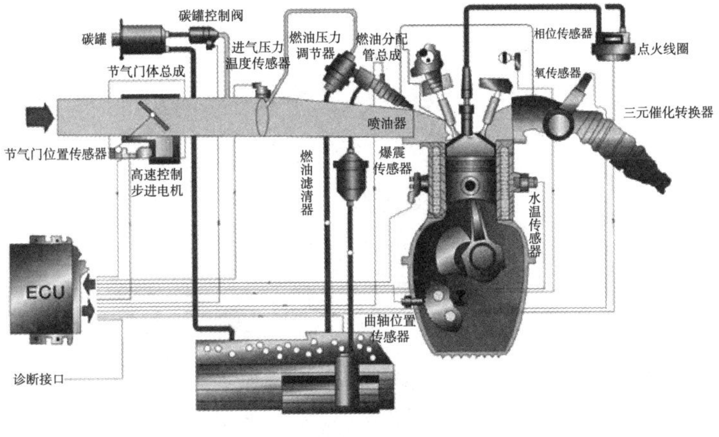

图1–3　电控直喷式汽油机燃料供给系

柴油机燃料供给系包括柴油箱、输油泵、柴油滤清器、喷油泵、喷油器、进气门、空气滤清器等，如图 1–4 所示。

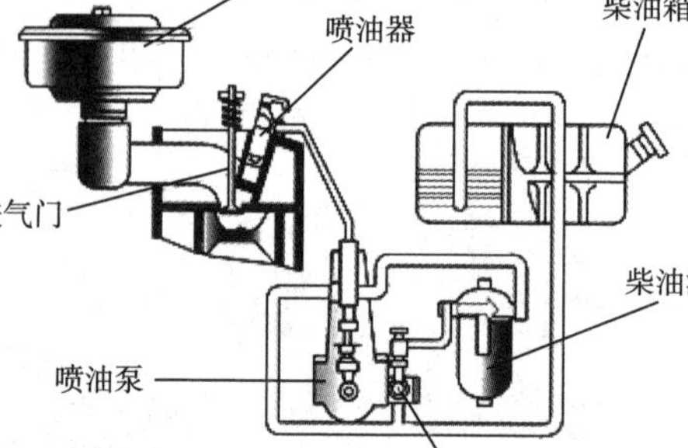

图1–4　柴油机燃料供给系

4. 润滑系

润滑系的作用是将润滑油送至各个摩擦表面，以减轻机件的磨损，并清洗、冷却摩擦表面，延长发动机的使用寿命。

润滑系包括机油泵、机油滤清器、润滑油道、限压阀、油底壳等，如图1–5所示。

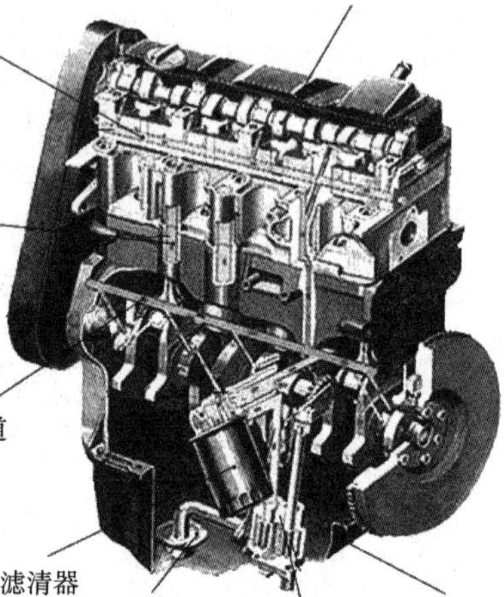

图1–5　润滑系

5. 冷却系

冷却系的作用是将受热机件的热量散到大气中去，从而保证发动机的正常工作。

6. 点火系

点火系是汽油机独有的，它的作用是按规定时刻向气缸内提供电火花以点燃气缸中的可燃混合气体，如图 1–6 所示。

柴油机由于其混合气体是自行着火燃烧的，故没有点火系。

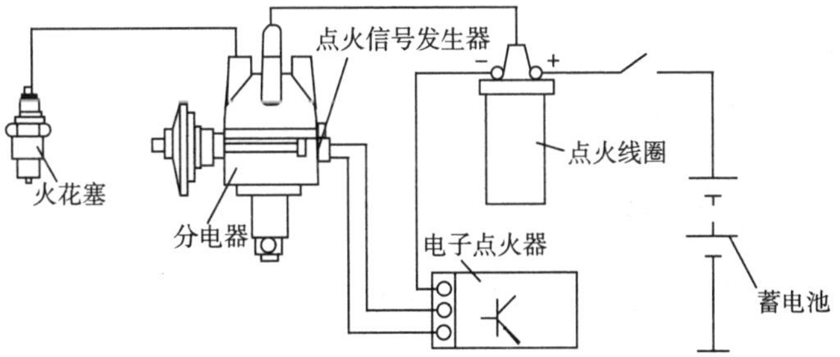

图1–6　点火系

7. 起动系

起动系的作用是将静止的发动机起动并转入自行运转。

起动系包括起动机及其附属装置等。

二、发动机分类

1. 按所用燃料分类

发动机按所用燃料不同，可分为汽油机、柴油机和气体燃料发动机。

2. 按冲程数分类

发动机按一个工作循环中活塞往复运动的冲程数进行分类，可分为四冲程发动机和二冲程发动机。

3. 按冷却方式分类

发动机按冷却方式不同，可分为水冷发动机和风冷发动机。

4. 按气缸数目分类

发动机按气缸数目不同，可分为单缸发动机和多缸发动机。

5. 按气缸排列方式分类

发动机按气缸排列方式进行分类，可分为直列式发动机、V 型发动机、W 型发动机、对置式发动机。

6. 按进气系统是否采用增压方式分类

发动机按进气系统是否采用增压方式进行分类，可分为自然吸气（非增压式）发动机和强制进气（增压式）发动机。

7. 按活塞的工作方式分类

发动机按活塞工作方式，可分为往复式发动机和转子发动机。

三、发动机型号编制规则

发动机型号编制规则，如图 1–7 所示。

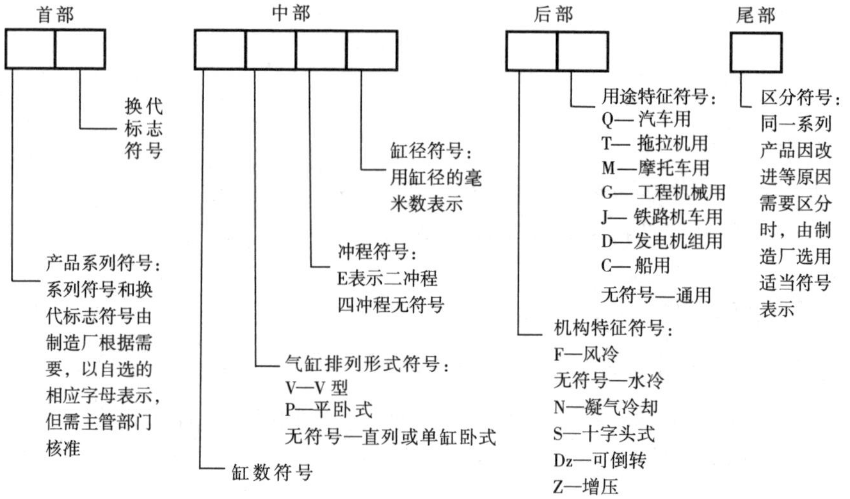

图1–7　发动机型号编制规则

四、发动机基本术语

发动机基本术语如图 1–8 所示。

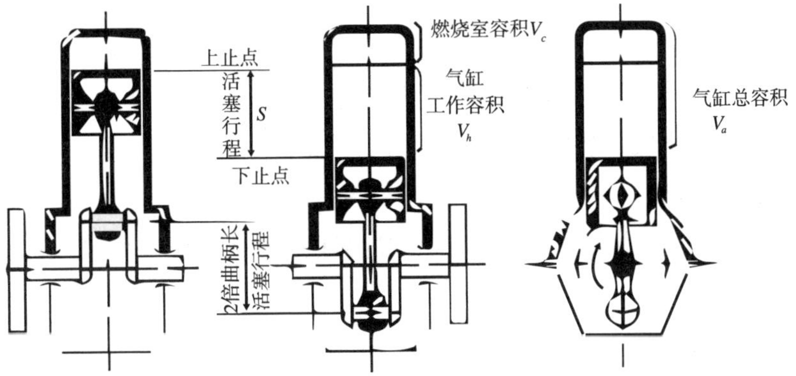

图1–8　发动机基本术语

1. 上止点（上死点）

活塞距离曲轴旋转中心最远的位置，称为上止点。

2. 下止点（下死点）

活塞距离曲轴旋转中心最近的位置，称为下止点。

3. 活塞行程

上止点、下止点之间的距离，称为活塞行程，一般用 S 表示。

4. 曲柄半径

曲轴旋转中心到曲柄销中心的距离，称为曲柄半径，一般用 R 表示。通常活塞行程是曲柄半径的 2 倍，即 $S=2R$。

5. 气缸工作容积

活塞由上止点运动到下止点，活塞顶部所经过的容积，称为气缸工作容积，也称为气缸排量，一般用 V_h 表示。

$$V_h=(\pi/4)D^2\cdot S\times10^6$$

式中：D——气缸直径，单位 mm；

S——活塞行程，单位 mm。

6. 发动机工作容积

多缸发动机所有气缸的工作容积之和，称为发动机工作容积，也称为发动机排量，一般用 V_L 表示。

$$V_L = i \cdot V_h$$

式中：V_h——气缸工作容积；

i——气缸数目。

7. 燃烧室容积

活塞位于上止点时，活塞顶部上方的容积，称为燃烧室容积，一般用 V_C 表示。

8. 气缸总容积

活塞位于下止点时，活塞顶部上方的容积，称为气缸总容积，一般用 V_a 表示。

$$V_a = V_h + V_C$$

即：气缸总容积就是气缸工作容积与燃烧室容积之和。

9. 压缩比

气缸总容积与燃烧室容积之比，一般用 ε 表示。

$$\varepsilon = V_a / V_C = (V_h + V_C) / V_C = 1 + V_h / V_C$$

从上式看出，当 ε 越大，压缩终了时，气缸内气体的压力和温度越高，循环热效率越高。

10. 工况

发动机在某一时刻的运行状况，称为工况。

11. 工作循环

汽车的每一个工作循环包括进气、压缩、做功和排气的过程，即完成一次进气、压缩、做功和排气的过程叫一个工作循环。

五、发动机的工作原理

1. 四冲程汽油机的工作原理

四冲程汽油机每完成一个工作循环，活塞要移动 4 个行程，曲轴要转动 2 周（720°），进气门、排气门要各开启 1 次，具体内容见表 1–1。

表1–1　四冲程汽油机完成一个工作循环示意表

冲程	活塞移动方向	进气门状态	排气门状态	曲轴转角
进气行程	由上到下	开启	关闭	180°
压缩行程	由下到上	关闭	关闭	180°
做功行程	由上到下	关闭	关闭	180°
排气行程	由下到上	关闭	开启	180°

2. 四冲程柴油机的工作原理

与四冲程汽油机相似，四冲程柴油机每完成一个工作循环，活塞也要经历 4 个行程，曲轴要转动 2 周（720°）。不同之处是进气和点火方式有些区别，具体内容见表 1–2。

表1–2　汽油机与柴油机的不同之处

汽油机	柴油机
汽油与空气在缸外混合，进入气缸的是可燃混合气体	经进气门吸入气缸的是纯空气
压缩终了时电火花点燃混合气体	压缩终了时高温气体加热柴油燃烧
有点火系	无点火系

3. 特点

在四冲程发动机一个工作循环的 4 个行程中，只有 1 个行程是做功的，其他 3 个都是为做功做准备的。

单缸发动机，由于 4 个行程发动机的转速不同，导致发动机运转不平稳。

改进措施：加大飞轮质量及尺寸，但仍有较大振动；或采用多缸发动机。

实训流程

一、实训前准备

1. 安全教育

（1）注意机件、器具、设备和人身安全。

（2）未经许可，不得随意乱动实训室内与本实训无关的任何设备、陈列器具等，不得乱动电器开关。

（3）实训室严禁烟火。

（4）严禁在实训室内嬉戏。

2. 工位清理

保持车间整洁干净，及时清扫地面，将工位整理干净，物品摆放整齐。

3. 小组分工

每班分成 4 个组，分 2 个内容进行：2 个组进行实训内容的动手操作，2 个组制订实训操作计划。依次进行轮换，分 2 次完成。

4. 确定设备及工具

准备好实训器具，将工具零件整齐摆放在工具车上，以备使用。

二、操作过程

1. 发动机拆装原则

总体拆装原则：先拆外围附件，再拆主体；先上后下；先外后内；能不拆的尽量不拆。

2. 机体组拆装要领（以 EQ6100–1 型发动机为例）

拆装顺序：

（1）首先要放尽发动机润滑油并将放油螺栓拧紧，然后拆除外围附件（如发电机、风扇、空气滤清器、机油滤清器、起动机、汽油泵、皮带轮等）。

（2）拆除气门室罩、摇臂组、推杆、边盖及挺柱。

（3）先用扭力扳手拧松缸盖螺栓，再用套筒扳手和摇把将缸盖螺栓卸下，最后将缸盖拆下。

（4）翻转发动机，用套筒扳手和摇把将下曲轴（即油底壳）拆下。

（5）安装时顺序刚好相反。

3. 拆装时的注意事项

（1）要正确选用和使用工具，并保证自身、工具和设备的安全。

（2）拆卸气缸盖时，缸盖螺栓要用扭力扳手按“从四周向中间”的顺序来进行（有要求的按要求进行，没要求的要交叉进行），将气缸盖螺栓拧松，然后按顺序用摇把和套筒扳手将气缸盖螺栓卸下。

安装气缸盖时，先用摇把和套筒扳手将气缸盖螺栓按“由中间向四周”的顺序将气缸盖螺栓拧紧，然后分次（一般是 2 ～ 3 次）用扭力扳手将气缸盖螺栓拧紧，最后一次要拧紧到规定的力矩。

注意，对于铸铁气缸盖、气缸体，热车后要将气缸盖螺栓再按规定的力矩拧紧 1 次；对于铝合金气缸盖则省略此步骤。

（3）气缸垫安装前首先要将气缸盖、气缸体平面清理干净。

气缸垫安装时要注意方向；所有的孔必须对正；有标记的按照标记的方向安装；将带有金属卷边的一面朝向易修整的或较硬的平面（对于铸铁气缸盖、气缸体，要朝向气缸盖；对于铝合金的则要朝向气缸体）；下曲轴箱，螺栓的扭紧力矩不要过大，但要均匀。

注意：先拆的后装，后拆的先装；拆装时，要注意装配标记；装配时，要注意螺栓或螺母的拧紧力矩；零件的摆放要规整。

三、任务检测

1. 应知

（1）汽车发动机的整体和主要部件。

（2）汽车发动机的工作过程。

2. 应会

（1）在规定时间内完成操作。

（2）应及时纠正操作过程中出现的违规操作。

（3）汽车发动机拆装原则、操作步骤。

（4）符合安全文明生产的要求。

四、展示成果

各小组派代表展示完成的任务成果，并对成果进行讲解汇报。

五、综合评价

对学生进行综合评价，将评价结果填入实训课堂评价表（表 1–3）。

表1–3　实训课堂评价表

评价人	评价项目				
	职业素养	专业能力	方法能力	社会能力	综合评价
学生自评					
小组互评					
教师点评					
师傅点评					

项目2　曲柄连杆机构

任务1　机体组的拆装与检测

实训任务

机体组的组成拆装顺序、要求与注意事项，以及进行机体组的拆装与检测。

实训场地

理论与实践一体化汽修专业实训教室。

实训设备

（1）EQ6100–1 型或 CA6102 型发动机 2 台。

（2）专用工具 5 套。

（3）发动机拆装、翻转架或拆装工作台 5 套。

（4）其他（如清洗用料、油盆、搁架等）若干。

知识链接

一、曲柄连杆机构的组成及工作条件

1. 组成

机体组：气缸盖、气缸体、油底壳、气缸套、气缸垫。

活塞连杆组：活塞、活塞环、活塞销、连杆。

曲轴飞轮组：曲轴、飞轮。

2. 工作条件

高温：2200 ～ 2800 K。

高压：3 ～ 6.5 MPa。

高速：6000 ～ 8000 r / min。

二、气缸体

1. 工作环境与要求

耐高温、耐磨损、耐腐蚀。

2. 气缸体材料

铸铁（合金、球磨、灰）、铝合金。

3. 结构特点及作用

发动机的主体将各个气缸和曲轴箱连成一体，是安装活塞、曲轴，以及其他零件和附件的支承骨架。

气缸体是发动机各机构和系统的装配基础，并由它来保持发动机各运动部件相互间的准确位置关系。

4. 分类

（1）气缸按结构形式不同可分为一般式、龙门式、隧道式。

（2）气缸按冷却方式不同可分为风冷式和水冷式。

5. 气缸的排列形式

气缸的排列形式有单列式和双列式之分。双列式又有 V 型发动机和水平对置发动机之分。如图 2-1 所示。

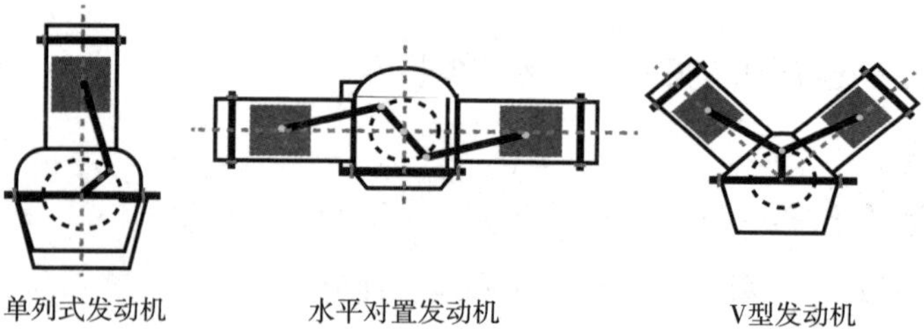

图2-1　气缸的排列形式

三、气缸的构造

1. 结构形式

整体式—气缸—铸铁气缸体。

镶套式—气缸套—铝合金气缸体、耐磨性好的合金铸铁（钢）。

2. 气缸套

干缸套：厚 1 ～ 3 mm，不直接与冷却水接触，如图 2–2 所示。

湿缸套：厚 5 ～ 9 mm，直接与冷却水接触，上断面高出气缸体上平面 0.05 ～ 0.15 mm，如图 2–2 所示。

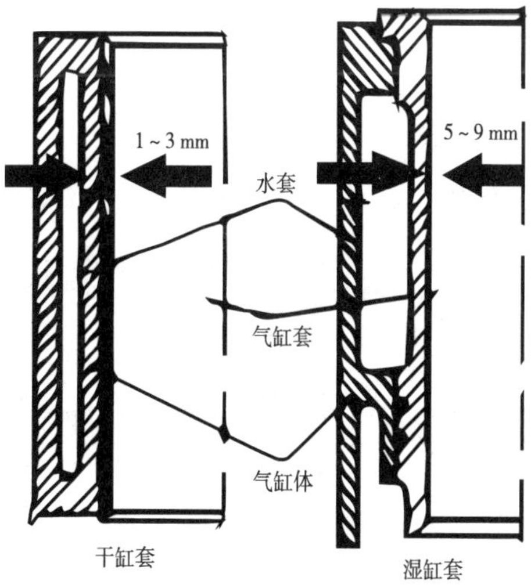

图2–2　气缸套

3. 湿缸套的定位

径向定位的凸出的圆环带（上支承定位带、下支承定位带）和轴向定位的凸缘。

4. 湿缸套的密封

内燃机曲轴箱的气缸套支承面和带有凸缘支承的湿缸套的密封，其方法是直接通过在上部导向部分和凸缘支承之间的切槽中压紧一个密封圈。

四、气缸盖的构造

作用：封闭气缸，构成燃烧室。

材料：铸铁、铝合金。

结构：制有各种孔、水套、油道等。

气缸盖的拆装：安装时，由中央到四周，分几次逐步拧紧气缸盖螺栓，最后用扭力扳手拧到规定力矩；安装时，铸铁（合金铸铁）气缸盖分两次（冷态和热车）拧紧，铝合金气缸盖只需在冷态下一次拧紧即可。拆卸时，由四周到中央，分几次逐步拧松气缸盖螺栓。

五、气缸垫

气缸垫如图 2–3 所示。

作用：密封气缸，防止漏气、漏水和漏油。

材料：金属 – 石棉衬垫、金属 – 复合材料衬垫、全金属衬垫等。

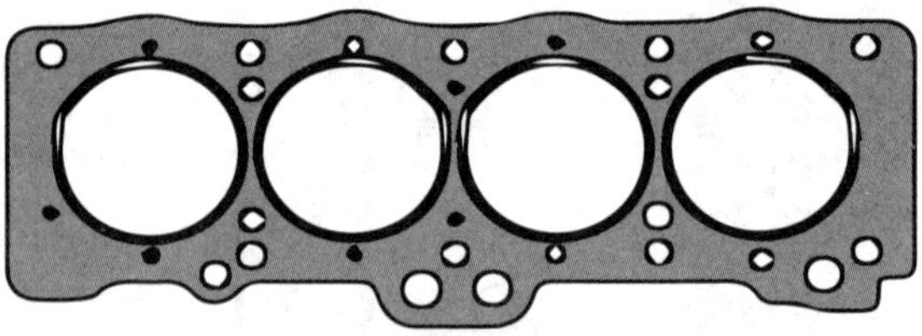

图2–3　气缸垫

安装注意事项：带有记号的按记号安装，应将光滑的一面朝向气缸体；安装时，注意对齐所有的螺纹孔、水孔和油道孔；将带有卷边的一面朝向易修整的或较硬的平面。

六、油底壳

油底壳如图 2–4 所示。

作用：用来封闭机体的下部和储存润滑油。

材料：一般用薄钢板冲压而成（有的采用铝合金制成，如通用汽车公司 3.1 L V6 汽油机）。

结构：内部有隔板，防止大量泡沫的产生，下部有放油螺塞。

图2–4 油底壳

实训流程

一、实训前准备

1. 安全教育

（1）注意机件、器具、设备和人身安全。

（2）未经许可，不得随意乱动实训室内与本实训无关的任何设备、陈列器具等，不得乱动电器开关。

（3）实训室严禁烟火。

（4）严禁在实训室内嬉戏。

2. 工位清理

保持车间整洁干净，及时清扫地面，将工位整理干净，物品摆放整齐。

3. 小组分工

每班分成 4 个组，分 2 个内容进行：2 个组进行实训内容的动手操作，2 个组制订实训操作计划。依次进行轮换，分 2 次完成。

4. 确定设备及工具

准备好实训器具，将工具零件整齐摆放在工具车上，以备使用。

二、操作过程

操作一：拆卸机体组

（1）发动机从汽车上拆下来后，将其安装在发动机拆装架上。

（2）拆除发动机上所有附件，如起动机、发电机、机油滤清器等。

（3）拆卸同步带的分解顺序如图 2–5（a）所示。

（4）拆卸进气歧管。

（5）拆下同步带后上防护罩，拧下气门罩盖螺母，依次取下支架、压条、气缸罩盖、气缸罩盖衬垫和机油反射罩。

（6）拆下同步带后下防护罩。

（7）用扭力扳手按图 2–5（b）1 ～ 10 的顺序松开气缸盖螺栓，将气缸盖和气缸垫取下。

（8）拆除凸轮轴、液压挺柱及气门。

（9）拆除油底壳。

（10）拆除活塞连杆组和曲轴飞轮组。

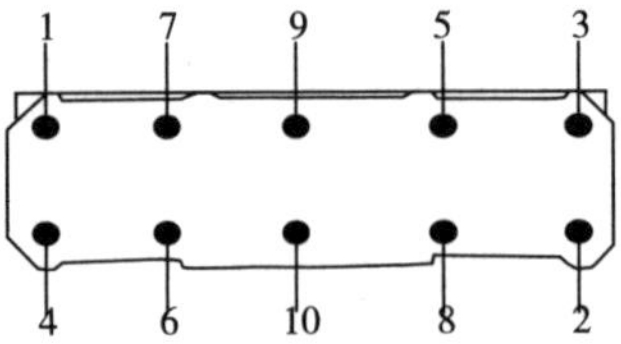

（a）气缸盖螺栓拆卸顺序

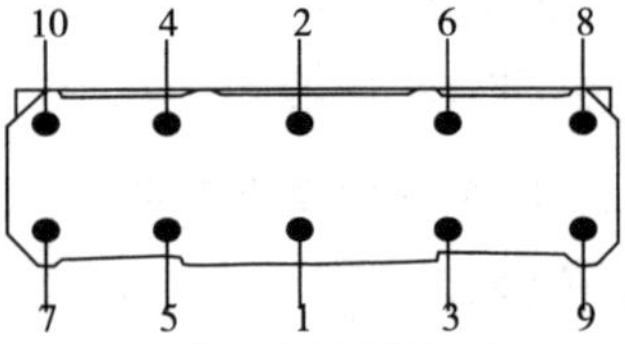

（b）气缸盖螺栓拧紧顺序

图2–5　拆卸同步带

操作二：检测气缸体、气缸盖的平面度

（1）将被测气缸体或气缸盖放在检测平台上。

（2）用直尺或刀形尺沿对角线、纵轴线和横轴线贴靠在被测平面上。

（3）在直尺或刀形尺与被测平面间的缝隙处插入厚薄规，厚薄规所测数值最大者即为气缸体上平面或气缸盖下平面的平面度误差。

（4）记录测量结果。

操作三：气缸磨损的检测

1. 气缸圆度的测量

根据气缸直径的尺寸，选择合适的接杆，装入量缸表的下端，并使伸缩杆有 1 ～ 2 mm 的压缩量。将量缸表的测杆伸入气缸中的相应部位，微微摆动测杆，使测杆与气缸中心线垂直，量缸表指示的最小读数即为正确的气缸直径。用量缸表在上部 A 向测量，如图 2–6 所示，旋转表盘使“0”刻度对准大指针，然后将测杆在此截面上旋转 90°，此时大指针所指刻度与“0”刻度之差的 1/2 即为该截面的圆度误差。

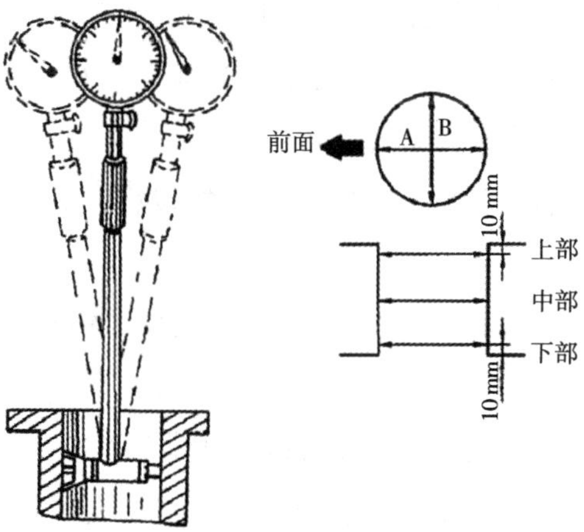

图2–6　气缸直径的测量方法

2. 气缸圆柱度的测量

用量缸表在上部 A 向测量并找出正确的直径位置，旋转表盘使“0”刻度对准大指针，然后依次测出其他 5 个数值的气缸磨损尺寸，取 6 个数值中最大差值的 1/2 作为该气缸的圆柱度误差。一般发动机最大磨损尺寸在前后两缸的上部。测量时，用量缸表在上部 A 向测量并找出正确的气缸直径位置，旋转表盘使“0”刻度对准大指针，并记住小指针所指位置。取出量缸表，将测杆放置于外径千分尺的两测头之间，旋转外径千分尺的活动测头，使量缸表的大指针指向“0”刻度，且小指针指向原来的位置（在气缸中所指示的位置）。此时，外径千分尺的尺寸即为气缸的磨损尺寸。

3. 气缸体的清洗清洁

用刮油刀从气缸体上下表面上刮除密封垫残留物，并观察气缸体是否有纹印、裂纹、伤痕等现象。如有水珠渗出，则表明该处有裂纹。

4. 对气缸进行常规检查

目测气缸垂直方向上是否有刮痕，若发现有明显的刮痕，则应更换气缸套。轿车发动机气缸套属一次性零件，不可修复再用。

操作四：检测磨损量

用内径千分尺分别测量气缸的上、中、下 3 个部位，每个部位需测量纵、横（指发动机机体的纵向、横向）两个相互垂直的方向，若任一气缸的磨损量超过 0.20 mm，则应更换 4 个气缸套。

（1）按被测气缸的标准尺寸选择合适的接杆，装上后，暂不拧紧固定螺母。

（2）把内径千分尺调到被测气缸的标准尺寸，将装好的量缸表放入内径千分尺。

（3）稍微旋动接杆，使量缸表大指针转动约 2 mm，当大指针对准刻度“0”处时，扭紧接杆的固定螺母。为使测量正确，应重复校零 1 次。

操作五：读数方法

（1）百分表：表盘刻度为 100，大指针在圆表盘上移动一格为 0.01 mm，转动一圈为 1 mm；小表盘里的小指针移动一格为 1 mm。

（2）测量时，当大指针顺时针方向离开“0”位时，表示缸径小于标准尺寸的缸径，它是标准缸径与大指针离开“0”位格数的差；当大指针逆时针方向离开“0”位时，表示缸径大于标准尺寸的缸径，它是标准缸径与大指针离开“0”位格数之和。

（3）测量时，如果小指针移动超过 1 mm，则应在实际测量值中加上或减去 1 mm。

操作六：测量方法

（1）使用量缸表，一手拿住隔热套，另一只手托住管子下部靠近本体的地方。

（2）将校对后的量缸表活动测杆在平行于曲轴轴线方向和垂直于曲轴轴线方向的两个方位，沿气缸轴线方向上、中、下取 3 个位置，共测 6 个数值。上面的位置一般定在活塞在上止点时，位于第一道活塞环气缸壁处，约距气缸上端 15 mm。中间的位置一般定在距气缸上平面 50 mm 处。下面的位置一般定在距气缸下端 10 mm 处，该部位磨损最小。

（3）测量时，使量缸表的活动测杆同气缸轴线保持垂直，才能测量准确。当前后摆动量缸表，大指针指示到最小数字时，即表示测杆已垂直于气缸轴线。

操作七：量缸表的使用注意事项

测量时，必须使量缸表与气缸的轴线保持垂直，应前后摆动量缸表，当大指针指示到最小数字时，即表示测杆与气缸轴线垂直，此读数为标准读数。当大指针顺时针方向离开“0”位时，表示缸径小于标准尺寸的缸径；当大指针逆时针方向离开“0”位时，表示缸径大于标准尺寸的缸径。

三、任务检测

1. 应知

（1）曲柄连杆机构的组成及工作条件。

（2）机体组构成内容的作用、分类、材料、构造与装配关系。

2. 应会

（1）在规定时间内完成操作。

（2）机体组的组成拆装顺序、要求与注意事项。

（3）应及时纠正操作过程中出现的违规操作。

（4）符合安全文明生产的要求。

四、展示成果

各小组派代表展示完成的任务成果，并对成果进行讲解汇报。

五、综合评价

对学生进行综合评价，将评价结果填入实训课堂评价表（表 2–1）。

表2–1　实训课堂评价表

评价人	评价项目				
	职业素养	专业能力	方法能力	社会能力	综合评价
学生自评					
小组互评					
教师点评					
师傅点评					

任务2　活塞连杆组的拆装与检测

实训任务

活塞连杆组的拆装与检测，以及正确的拆装顺序、要求、方法。

实训场地

理论与实践一体化汽修专业实训教室。

实训设备

（1）EQ6100–1 型或 CA6102 型发动机 2 台。

（2）专用工具 5 套。

（3）发动机拆装、翻转架或拆装工作台 5 套。

（4）其他（如清洗用料、油盆、搁架等）若干。

知识链接

一、活塞

1. 活塞的作用

活塞与气缸盖、气缸壁等共同组成燃烧室可承受气体压力，并将此压力传给连杆，以推动曲轴旋转。

2. 活塞的材料

汽车发动机活塞广泛采用铝合金，其优点是质量小（为铸铁活塞的 50% ～ 70%）、导热性好（约为铸铁活塞的 3 倍）、热膨胀系数大。

3. 活塞的结构特点

活塞可分为顶部、头部（也称环槽部）、裙部，如图 2–7 所示。

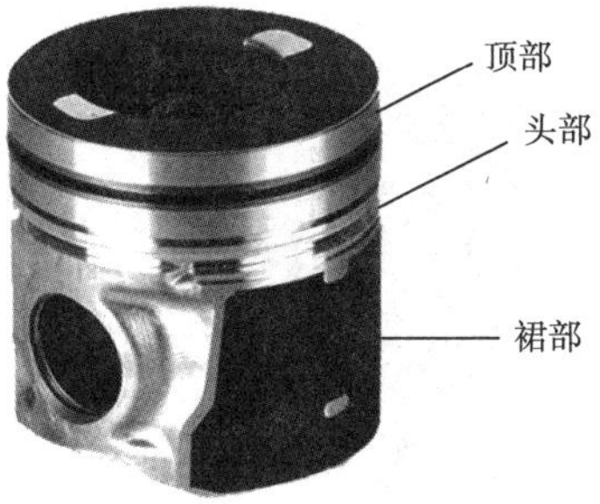

图2–7　活塞

（1）活塞顶部是燃烧室的组成部分，用来承受气体压力。活塞顶部形状，如图 2–8 所示。

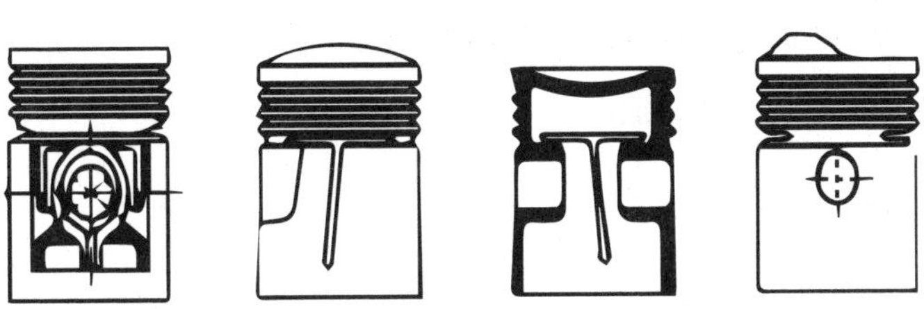

（a）平顶活塞　（b）凸顶活塞　（c）凹顶活塞　（d）成型顶活塞

图2–8　活塞顶部形状

平顶活塞：受热面积小，被广泛采用。

凸顶活塞：与半球形燃烧室配用。

凹顶活塞：高压缩比发动机为了防止碰撞气门，也可用凹坑的深度来调整压缩比。

成型顶活塞：一般适用于对燃烧室有特殊要求的柴油机，特殊的顶部形状可满足燃烧过程中的不同要求。

（2）活塞头部有若干道用以安装活塞环的环槽及隔热槽。隔热槽的作用是防止第一道环因过热产生积炭和卡死在槽中。

（3）活塞裙部对活塞在气缸内的往复运动起向导作用，并承受侧压力。

活塞裙部在受侧压力较小的一面开有绝热槽和膨胀槽（为“T”形槽或“Π”形槽），其中横槽为绝热槽，竖槽为膨胀槽，如图 2–9 所示。

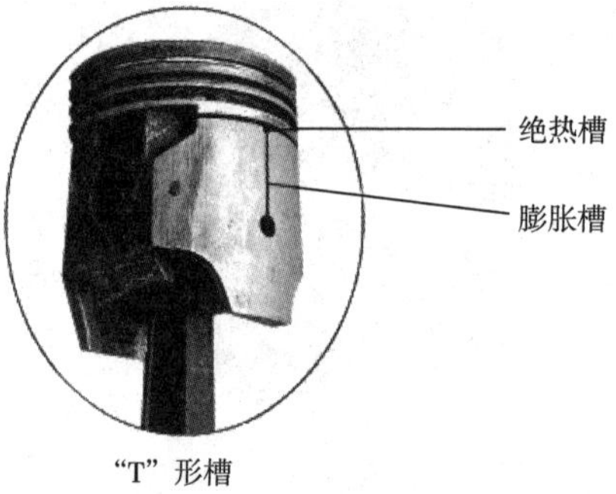

图2–9　活塞裙部

4. 活塞裙部的变形

变形原因：热膨胀、侧压力和气体压力。

变形规律：如图 2–10 所示。

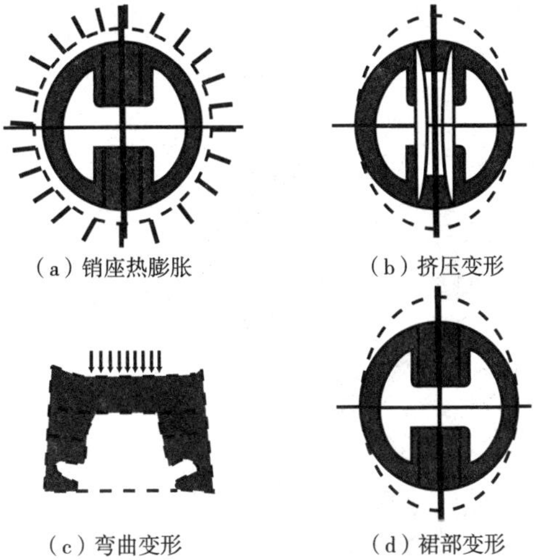

图2-10　活塞裙部变形规律

解决措施：

（1）将活塞纵断面制成上小下大的截锥形。

（2）将活塞横断面制成椭圆形，长轴垂直于销座孔轴线方向，即侧压力方向。

（3）销座处凹陷 0.5 ～ 1.0 mm。

（4）裙部开绝热槽和膨胀槽（“T”形槽或“Π”形槽）。

（5）采用双金属活塞，即在活塞裙部或销座内嵌铸入钢片（恒范钢片），以减少裙部的膨胀量。

5. 偏置活塞销座孔

定义：活塞销座孔偏离中心线，朝向承受做功侧压力较大的一侧（左侧）偏移 1 ～ 2 mm。

作用：减轻活塞换向时对气缸壁的敲击噪声。

二、活塞环间隙

活塞环间隙，如图 2-11 所示。

（1）端隙 Δ_1：又称开口间隙，是活塞环装入气缸后开口处的间隙。

（2）侧隙 Δ_2：又称边隙，是环高方向上与环槽之间的间隙。

（3）背隙 Δ_3：是活塞环装入气缸后，活塞环背面与环槽底部的间隙。

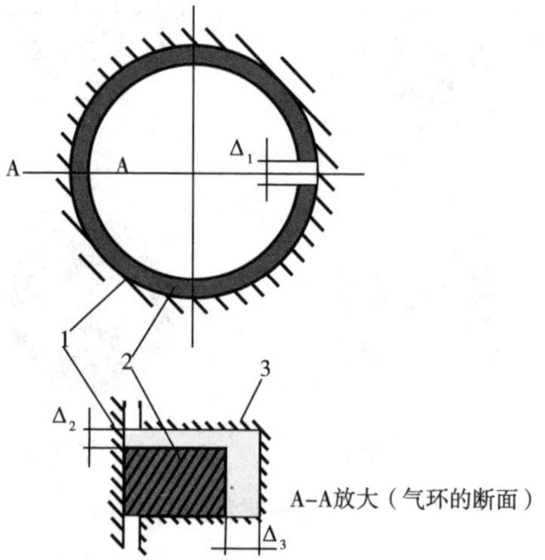

图2–11　活塞环间隙

三、气环

1. 气环的密封作用

第一密封面是第二次密封的前提。气环的密封作用如图 2–12 所示。

2. 气环的泵油作用

活塞环中的矩形环，断面为矩形，其结构简单，制造方便，易于生产，应用最广。但是矩形环随活塞往复运动时，会把气缸壁壁面上的机油不断送入气缸中，这种现象称为气环的泵油作用。气环的泵油作用如图 2–13 所示。

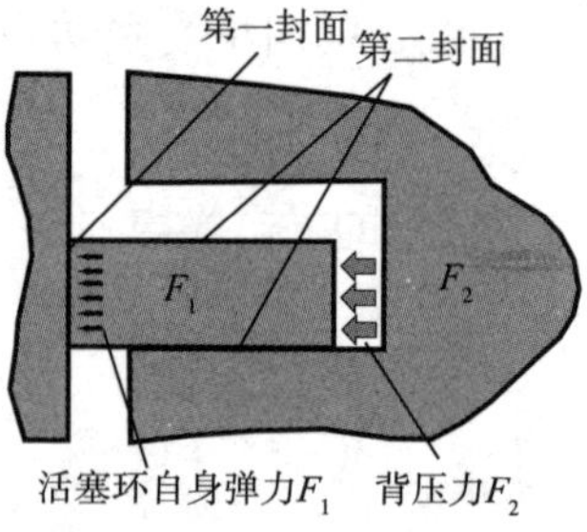

图2–12　气环的密封作用

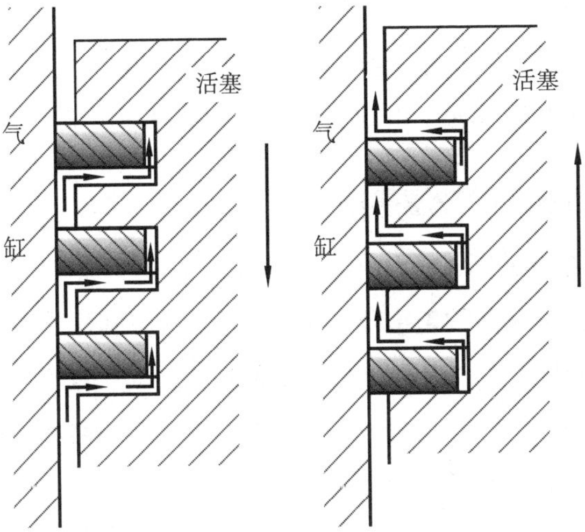

图2-13　气环的泵油作用（矩形断面）

3. 气环的断面形状

根据气环的断面形状，可分为矩形环、锥面环、扭曲环、梯形环、桶面环等，如图 2-14 所示。

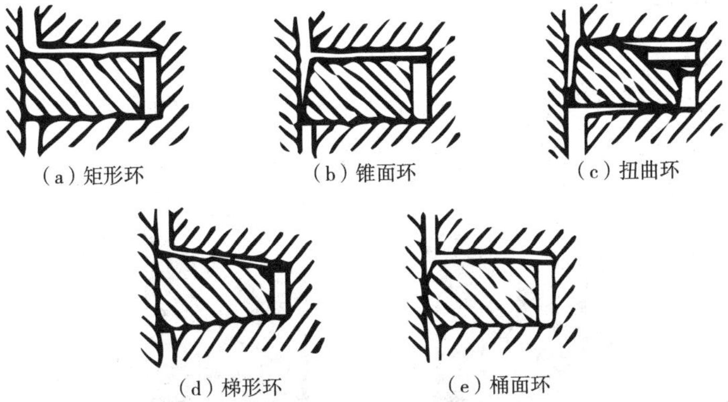

（a）矩形环　（b）锥面环　（c）扭曲环

（d）梯形环　（e）桶面环

图2-14　气环的断面形状

四、油环

作用：刮油，即将气缸壁上多余的润滑油刮下来。

类型：整体式和组合式（由刮油钢片和弹性衬环组成）。

五、安装活塞环的注意事项

（1）注意每组环的第一道环（镀铬环）。

（2）开口方向应尽量均匀错开，第一道环开口应避开受侧压力较大的一面。

（3）对于扭曲环，按“内上外下”的原则安装；对于锥面环，按“上小下大”的原则安装；对于有记号的，如有“UP”或“TOP”等记号的，记号应朝上。

（4）气缸安装前，应涂少许润滑油。

六、活塞销的结构

作用：连接活塞和连杆，并传递活塞的力给连杆。

结构：用低碳钢或低碳合金钢制成的厚壁管状体。

1. 全浮式

定义：在发动机正常工作温度下，活塞销在连杆小头孔和活塞销座孔中都能转动，如图 2–15（a）所示。

2. 半浮式

定义：活塞销与活塞销座孔或连杆小头两处，一处固定，一处浮动；一般采用活塞销与连杆小头固定的方式，如图 2–15（b）所示。

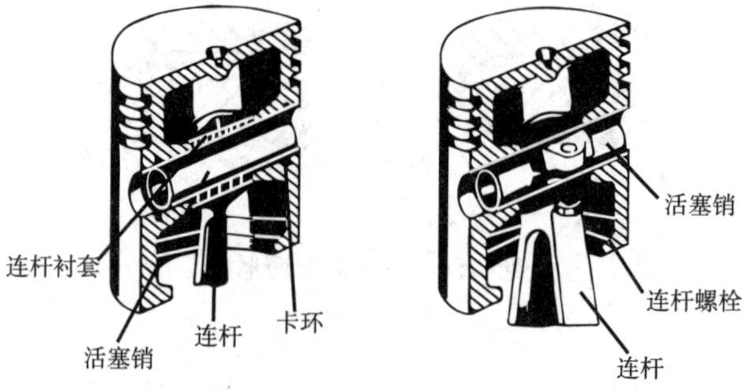

（a）全浮式　（b）半浮式

图2–15　活塞销的结构

七、连杆的结构

连杆的结构如图 2–16 所示。

功用：连接活塞和曲轴，在两者间传力和转换运动。

受力情况：压缩、拉伸、弯曲等交变载荷。

要求：质量尽可能小，有足够的刚度和强度。

材料：一般用中碳钢或合金钢经模锻或锟锻而成，也有纤维增强铝合金连杆（材质轻 30% 以上）。

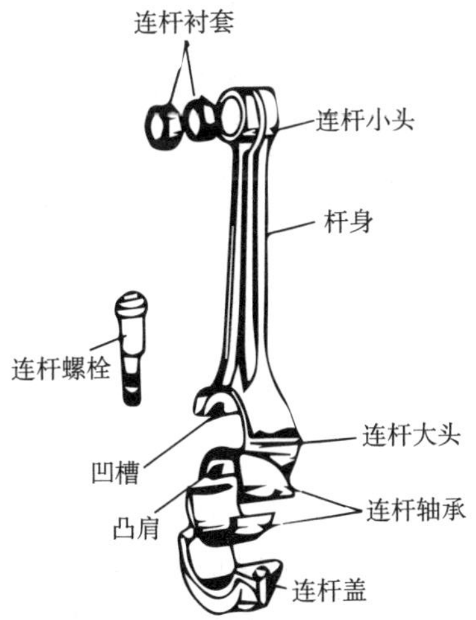

图2–16 连杆的结构

1. 连杆构造

连杆由连杆小头、杆身和连杆大头（包括连杆盖）3 个部分组成。

连杆小头：用来安装活塞销，以连接活塞。

杆身：常做成“工”字形断面。

连杆大头：与曲轴的连杆轴颈相连。连杆大头一般做成分开式，即连杆体大头和连杆盖。

2. V 型发动机连杆的布置形式

V 型发动机的布置形成可分为并列式、主副式、叉形式 3 种。

3. 连杆螺栓

必须按规定的力矩分 2 ～ 3 次均匀拧紧。

为防止连杆螺栓自动松动，采用开口销、双螺母、自锁螺母等锁止装置。

八、连杆轴瓦

作用：保护连杆轴颈及连杆大头孔。

组成：由钢背和减磨层组成。钢背由厚 1 ～ 3 mm 的低碳钢制成。减磨层为厚 0.3 ～ 0.7 mm 的减磨合金，其质较软，能保护连杆轴颈。

减磨层材料：白合金（巴氏合金），铜铅合金，铝基合金。

定位：每一连杆轴瓦与连杆大头之间都需要进行定位，以阻止连杆轴瓦与连杆大头之间产生轴向和周向的相对移动。连杆轴瓦依靠瓦背上的定位凸键进行定位。

实训流程

一、实训前准备

1. 安全教育

（1）注意机件、器具、设备和人身安全。

（2）未经许可，不得随意乱动实训室内与本实训无关的任何设备、陈列器具等，不得乱动电器开关。

（3）实训室严禁烟火。

（4）严禁在实训室内嬉戏。

2. 工位清理

保持车间整洁干净，及时清扫地面，将工位整理干净，物品摆放整齐。

3. 小组分工

每班分成 4 个组，分 2 个内容进行：2 个组进行实训内容的动手操作，2 个组制订实训操作计划。依次进行轮换，分 2 次完成。

4. 确定设备及工具

准备好实训器具，将工具零件整齐摆放在工具车上，以备使用。

二、操作过程

操作一：拆装活塞连杆组

1. 从发动机上拆下活塞连杆组

（1）将安装在拆装架上的发动机侧置，拆下离合器罩。

（2）拧下油底壳上的所有螺栓，拆下油底壳及衬垫。

（3）拆除机油挡油板、曲轴前端油封支架、机油泵链条张紧器、机油泵及传动链条。

（4）摇转曲轴，将要拆卸的气缸活塞转到下止点的位置，同时检查活塞顶、连杆大头处有无装配记号。若无装配记号，应先按次序在活塞顶、连杆大头用钢字号码铳上记号。

（5）用扭力扳手拆下连杆螺栓，取下连杆盖和连杆轴承，按顺序放好，以免搞错。

（6）用手将连杆向上推，使连杆大头与曲轴连杆轴颈分离，然后用手锤柄将活塞连杆组推出气缸。

（7）取出活塞连杆组后，应将连杆盖和连杆轴承、连杆螺栓按原样装固。注意不要装错，并按缸号顺序整齐地放好。

2. 分解活塞连杆组

（1）用活塞环拆装钳依次将气环、油环从活塞上拆下。

（2）将活塞销卡簧用尖嘴钳取下，使用专用工具将活塞销拆下。

3. 装配活塞连杆组

（1）将活塞放在水中加热至 60 ℃后取出，擦拭干净。

（2）安装活塞销。

（3）安装活塞销两侧的卡簧。

（4）安装活塞环。

（5）安装活塞连杆组。

操作二：检测活塞，测量配缸间隙

活塞与气缸壁之间的间隙称为配缸间隙。检测时，可用量缸表测量气缸的直径，用外径千分尺测量活塞的直径，两者之差即为配缸间隙。

操作三：检测活塞环

（1）把活塞环放在弹力检验仪上，使活塞环的开口处于水平位置。

（2）移动检验仪上的量块，把活塞的开口间隙压缩到标准值，观察秤杆上的质量，其值应符合规定。

操作四：检测活塞环漏光度

（1）将活塞环平正地放入气缸内，用活塞顶部把它推平。

（2）在气缸下部放置一个发亮的灯泡，在活塞环上放一个直径略小于气缸内径、能盖住活塞环内圆的盖板。

（3）从气缸上部观察活塞环外圆与气缸壁之间是否漏光。

三、任务检测

1. 应知

（1）活塞的作用、材料及结构组成。

（2）连杆的作用、材料及结构组成。

2. 应会

（1）活塞连杆组拆装顺序、方法。

（2）在规定时间内完成操作。

（3）应及时纠正操作过程中出现的违规操作。

（4）符合安全文明生产的要求。

四、展示成果

各小组派代表展示完成的任务成果，并对成果进行讲解汇报。

五、综合评价

对学生进行综合评价，将评价结果填入实训课堂评价表（表 2–2）。

表2–2　实训课堂评价表

评价人	评价项目				
	职业素养	专业能力	方法能力	社会能力	综合评价
学生自评					
小组互评					
教师点评					
师傅点评					

任务3　曲轴飞轮组的拆装与检修

实训任务

曲轴飞轮组正确的拆装顺序、要求、方法。

实训场地

理论与实践一体化汽修专业实训教室。

实训设备

（1）EQ6100–1 型或 CA6102 型发动机 2 台。

（2）专用工具 5 套。

（3）发动机拆装、翻转架或拆装工作台 5 套。

（4）其他（如清洗用料、油盆、搁架等）若干。

知识链接

曲轴飞轮组由曲轴、飞轮、扭转减振器、主轴瓦、皮带轮、正时齿轮（或链轮）等组成，如图 2–17 所示。

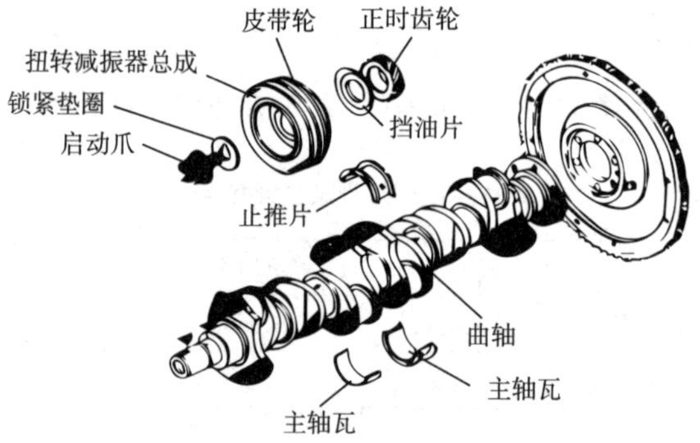

图2-17　EQ6100-1型发动机曲轴飞轮组

一、曲轴

功用：把活塞连杆组传来的气体压力转变为扭矩对外输出，驱动配气机构及其他附属装置。

材料：大多采用优质中碳钢或中合金碳钢，有的采用球墨铸铁。

1. 构造

（1）曲轴前端：前端轴。

（2）中部：若干个主轴颈、连杆轴颈、曲柄、平衡重。

（3）曲轴后端：后端轴、后端凸缘。

曲拐：一个连杆轴颈和它两端的曲柄及主轴颈构成一个曲拐。曲拐的数目取决于气缸的数目和气缸的排列方式。

直列发动机：曲拐数 = 气缸数

V 型发动机：曲拐数 =1 / 2 气缸数

2. 曲轴的支承方式

（1）全支承曲轴：主轴颈数比连杆轴颈数多 1 个。

（2）非全支承曲轴：主轴颈数等于或少于连杆轴颈数。

3. 结构类型

曲轴从结构上可分为整体式曲轴和组合式曲轴。整体式曲轴的结构是整体的，其毛坯是由整根钢料通过锻造和铸造方法制造出来的。组合式曲轴是把曲轴分成许多便于制造的单元体，然后将各部分组合装配而成。

4. 密封

曲轴前端：装有甩油盘及发动机前端盖上的油封。

曲轴后端：甩油盘、油封、回油螺纹（右旋）。

5. 轴向定位

为保持曲柄连杆机构各部件正确的相对位置，应防止曲轴轴向窜动，而曲轴受热膨胀时，又应允许它能自由伸长，所以曲轴上只能设有一处轴向定位。

轴向定位措施：

（1）翻边轴瓦。

（2）止推片（半圆环状，共 4 片，上、下各 2 片）。

（3）止推轴承（圆环状）。

安装时，减磨层应朝向旋转面。

6. 曲拐的布置

曲拐的布置取决于气缸数、气缸排列形式和发动机工作顺序。

（1）直列四缸发动机工作循环。

发火间隔角为：720° /4 = 180° 。

发动机工作顺序：1—2—4—3 或 1—3—4—2。

（2）直列六缸发动机工作循环。

发火间隔角为：720° /6 = 120° 。

发动机工作顺序：1—5—3—6—2—4 或 1—4—2—6—3—5。

二、主轴瓦

主轴瓦结构与连杆轴瓦相似，在主轴瓦内表面开有轴向油槽和通油孔。

三、扭转减振器

目的：为消减曲轴的扭转振动。

种类：橡胶式扭转减振器、摩擦式扭转减振器、黏液式扭转减振器。

四、飞轮

这是一个转动惯量很大的铸铁圆盘，外圈有钢制齿圈。

作用：贮存能量，以克服阻力；保证曲轴的旋转角速度和输出转矩尽可能地均匀；使发动机有可能克服短时间的超载荷；将发动机的动力传给离合器；与起动机配合，便于发动机起动。

材料：多采用灰铸铁。

定位：定位销、不对称布置的螺丝。

实训流程

一、实训前准备

1. 安全教育

（1）注意机件、器具、设备和人身安全。

（2）未经许可，不得随意乱动实训室内与本实训无关的任何设备、陈列器具等，不得乱动电器开关。

（3）实训室严禁烟火。

（4）严禁在实训室内嬉戏。

2. 工位清理

保持车间整洁干净，及时清扫地面，将工位整理干净，物品摆放整齐。

3. 小组分工

每班分成 4 个组，分 2 个内容进行：2 个组进行实训内容的动手操作，2 个组制订实训操作计划。依次进行轮换，分 2 次完成。

4. 确定设备及工具

准备好实训器具，将工具零件整齐摆放在工具车上，以备使用。

二、操作过程

操作一：拆装曲轴飞轮组

1. 拆卸曲轴飞轮组

（1）倒置发动机。

（2）拆卸曲轴前端。

（3）拆卸曲轴后端。

（4）拆卸曲轴。

2. 安装曲轴飞轮组

（1）将清洗干净的气缸倒置在工作台上，并用压缩空气吹净。

（2）将曲轴主轴承按编号装入轴承座中，注意将有油槽的一片轴瓦装到主轴承座孔中，在轴瓦表面涂上少许机油。

操作二：检修曲轴

1. 曲轴轴颈磨损的检测

（1）用外径千分尺测量轴颈直径。

（2）计算圆度误差和圆柱度误差，计算方法与气缸相同。

（3）对照维修手册的标准判断测量结果，如超出磨损极限，应对轴颈进行修磨。

2. 曲轴弯曲变形的检测

（1）将曲轴两端主轴颈分别放置在检验平板的“V”形块上，将百分表触头垂直抵在中间的主轴颈上。

（2）慢慢转动曲轴一圈，百分表指针所指示的最大读数与最小读数之差，即为中间主轴颈的径向圆跳动误差值。

（3）对照维修手册的标准判断测量结果，如超出标准，应进行冷压校正。

3. 曲轴裂纹的检测

（1）磁力探伤法。其原理是磁性材料磁化后，当磁力线通过被检验工件时，在有缺陷的零件表面上就会产生漏磁场。

首先清洗曲轴，然后利用探伤仪将零件磁化。如果零件表面有裂纹，在裂纹部位的磁力线就会因裂纹不导磁而被中断，使磁力线偏散而形成磁极。此时，在零件表面撒上磁性铁粉，铁粉便被磁化而吸附在裂纹处，从而显现出裂纹的部位和大小。

（2）浸油敲击法。

首先清洗曲轴，然后将曲轴置于煤油中浸泡片刻，取出后擦净曲轴表面煤油，并撒上白粉。最后用手锤分段轻轻敲击每道曲柄臂，如有明显的油迹出现，则该处有裂纹。

如果曲轴出现裂纹，一般应更换曲轴。

4. 曲轴径向间隙的检查与调整

（1）清洁曲轴主轴颈、连杆轴颈、轴瓦和轴承盖。

（2）将塑料间隙塞尺放置在曲轴轴颈上（不要将油孔盖住），盖上轴承盖并按规定扭力拧紧螺栓，注意不要转动曲轴。

（3）取下轴承盖和塑料间隙塞尺，用被压扁的塑料间隙塞尺与间隙条宽度相对照，查得间隙条宽度对应的间隙值即为曲轴的径向间隙。

（4）对照维修手册的标准判断测量结果。

5. 曲轴轴向间隙的检查与调整

（1）将曲轴装入气缸体轴承座，将百分表触头顶在曲轴平衡重上。

（2）用撬棒前后撬动曲轴，观察指针摆动数值，指针的最大摆差即为曲轴轴向间隙。

（3）对照维修手册的标准判断测量结果。

6. 选配曲轴主轴承

（1）弹性合适。

（2）瓦背光滑，定位凸榫良好。

（3）轴承合金表面应无裂纹和砂眼。

（4）轴承装入轴承座和轴承盖内并与座孔紧密配合，其两端边缘必须高出轴承座平面 0.03 ～ 0.06 mm，以提高散热效果。

操作三：检修飞轮

（1）齿圈松动，牙齿两面磨损或多个牙齿损坏，应更换齿圈。

（2）齿圈牙齿单面磨损，可将齿圈翻面继续使用，在重镶齿圈时，应加热齿圈到 300 ～ 350 ℃，然后再镶到飞轮上。

（3）飞轮工作面磨损成波浪形或沟槽，且深度超过 0.5 mm 时，应在平面磨床上进行磨削加工。

（4）飞轮与曲轴装配后，飞轮端面圆跳动误差不得大于 0.15 mm，超过时，允许在曲轴后端凸缘与飞轮之间加垫片调整。

三、任务检测

1. 应知

（1）曲轴的作用、材料、结构与装配关系。

（2）飞轮的作用、材料、结构与装配关系。

2. 应会

（1）在规定时间内完成操作。

（2）应及时纠正操作过程中出现的违规操作。

（3）曲轴飞轮组正确的拆装顺序、方法。

（4）符合安全文明生产的要求。

四、展示成果

各小组派代表展示完成的任务成果，并对成果进行讲解汇报。

五、综合评价

对学生进行综合评价，将评价结果填入实训课堂评价表（表 2–3）。

表2–3　实训课堂评价表

评价人	评价项目				
	职业素养	专业能力	方法能力	社会能力	综合评价
学生自评					
小组互评					
教师点评					
师傅点评					

项目3　配气机构

任务1　配气机构的构造和工作原理

实训任务

零件的检验方法、步骤，以及气门组和气门传动组的拆装。

实训场地

理论与实践一体化汽修专业实训教室。

实训设备

（1）气缸体（CA6102 型发动机与 EQ6100 型发动机各 2 个）4 个。

（2）气缸盖（CA6102 型发动机与 EQ6100 型发动机各 2 个）4 个。

（3）木制支持架、工作台 4 组。

（4）其他工件、工具、清洗用料等。

知识链接

一、配气机构的作用与组成

1. 配气机构的作用

按照工作循环和发火次序的要求，定时开启和关闭各气缸的进气门、排气门，以保证进气更充分，排气更彻底。

2. 配气机构的组成

配气机构的组成如图 3-1 所示。

图3-1 配气机构的组成

气门组：气门、气门座、气门导管、气门弹簧、气门弹簧座、锁片、气门油封等。

气门传动组：正时齿轮、凸轮轴、挺柱、推杆、摇臂组等。

二、工作过程

四冲程发动机每完成 1 个工作循环，曲轴旋转 2 周，凸轮轴只旋转 1 周，各气缸的进气门、排气门各开启 1 次。故曲轴与凸轮轴之比（即传动比）应为 2：1。

气门的开启是由气门传动组来完成的。

气门的关闭是由气门弹簧来完成的。

气门的开闭与升程取决于凸轮的形状。

三、配气机构的类型

1. 按凸轮轴的布置位置分类

配气机构按凸轮轴的布置位置，可分为下置式、中置式、上置式。

凸轮轴下置式配气机构中的凸轮轴位于曲轴箱内，如图 3-2 所示。

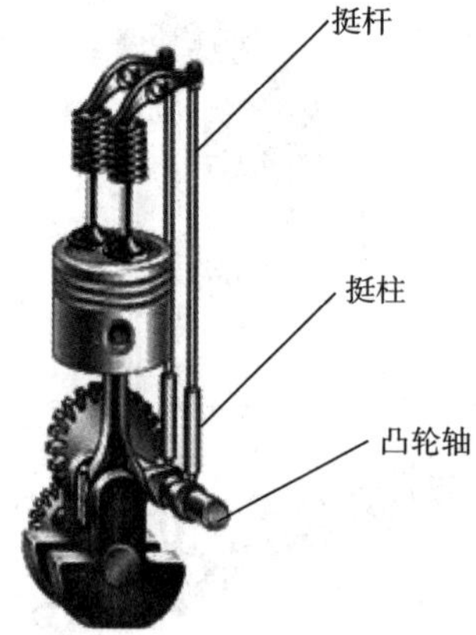

图3-2 凸轮轴下置式

凸轮轴中置式配气机构中的凸轮轴位于发动机中部，如图 3-3 所示。

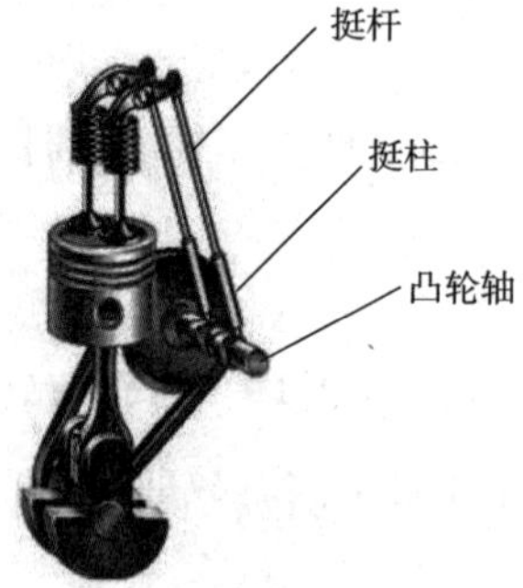

图3-3 凸轮轴中置式

凸轮轴上置式配气机构中的凸轮轴位于气缸盖上，如图 3-4 所示。

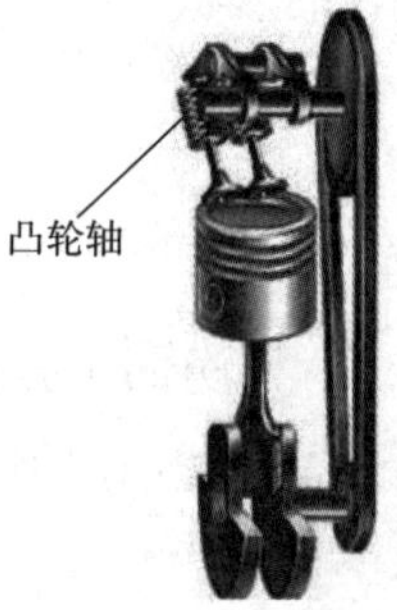

图3-4 凸轮轴上置式

2. 按曲轴和凸轮轴的传动方式分类

配气机构按曲轴和凸轮轴的传动方式，可分为齿轮传动、链条传动、齿带传动，如图 3-5 所示。

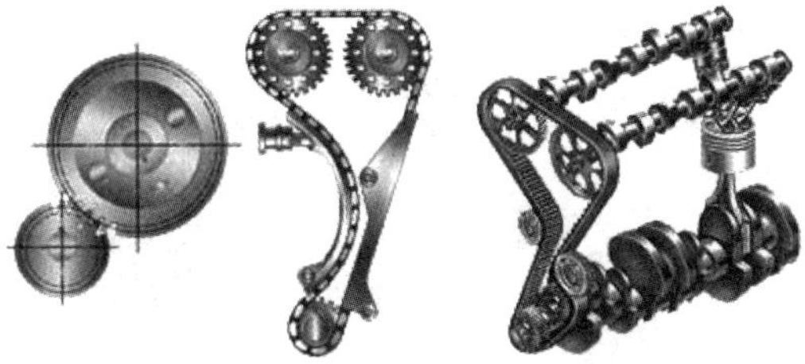

（a）齿轮传动　（b）链条传动　（c）齿带传动

图3-5　配气机构按曲轴和凸轮轴的传动方式分类

实训流程

一、实训前准备

1. 安全教育

（1）注意机件、器具、设备和人身安全。

（2）未经许可，不得随意乱动实训室内与本实训无关的任何设备、陈列器具等，不得乱动电器开关。

（3）实训室严禁烟火。

（4）严禁在实训室内嬉戏。

2. 工位清理

保持车间整洁干净，及时清扫地面，将工位整理干净，物品摆放整齐。

3. 小组分工

每班分成 4 个组，分 2 个内容进行：2 个组进行实训内容的动手操作，2 个组制订实训操作计划。依次进行轮换，分 2 次完成。

4. 确定设备及工具

准备好实训器具，将工具零件整齐摆放在工具车上，以备使用。

二、操作过程

操作一：气门组拆卸

气门组组件如图 3–6 所示。

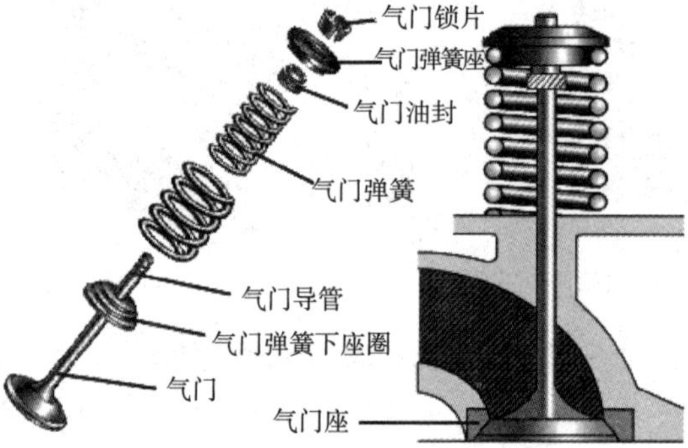

图3–6　气门组组件

（1）将气缸盖从侧面竖起，然后用专用工具——气门拆装器固定端顶住气门的顶面。

（2）将气门拆装器活动端顶住气门弹簧座，用力将气门弹簧压紧，取出气门锁片后放松气门弹簧。

（3）依次将气门弹簧座、气门弹簧、气门油封及气门取出（如果没有专用工具，也可用套筒垫在要拆的气门的顶部，将燃烧室的一面朝下，用鲤鱼钳的把手用力压下气门弹簧座，取出气门锁片然后再进行下面的步骤）。

操作二：气门组安装

气门组安装的步骤与拆卸刚好相反。安装完毕后，用手锤轻轻敲击一下气门尾部，这是以防气门锁片没安装到位而进行的检查。

操作三：气门传动组拆卸

气门传动组组件如图 3–7 所示。

（1）用梅花扳手先将摇臂组支架的固定螺栓拧松（由两边向中间），然后用摇把将螺栓松下（注意不要将螺栓拿下），用两手将摇臂组连同螺栓一起拿下，放入工件台上（气门室盖里）。

（2）将推杆取出（最好在取之前左右快速晃动几下推杆）。

（3）卸下气门室边盖，用手指取出挺柱（CA6102 型发动机将挺柱架螺栓拆下，然后将挺柱架连同挺柱一起取出）。

（4）拆下曲轴皮带轮、正时齿轮盖及挡油盘，转动曲轴，用摇把卸下凸轮轴的固定螺栓，然后小心将凸轮轴取出。

操作四：气门传动组安装

气门传动组安装的步骤与拆卸刚好相反。安装完毕后还要调好气门。

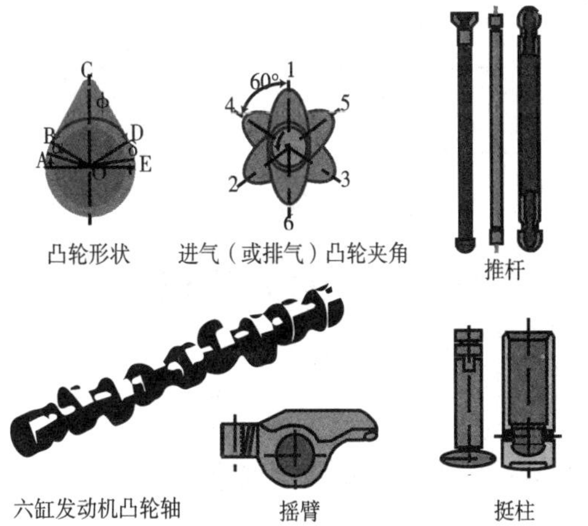

图3–7　气门传动组组件

三、任务检测

1. 应知

（1）配气机构的作用、组成、工作。

（2）配气机构的类型。

2. 应会

（1）在规定时间内完成操作。

（2）应及时纠正操作过程中出现的违规操作。

（3）符合安全文明生产的要求。

四、展示成果

各小组派代表展示完成的任务成果，并对成果进行讲解汇报。

五、综合评价

对学生进行综合评价，将评价结果填入实训课堂评价表（表 3–1）。

表3–1 实训课堂评价表

评价人	评价项目				
	职业素养	专业能力	方法能力	社会能力	综合评价
学生自评					
小组互评					
教师点评					
师傅点评					

任务2 气门组的拆装

实训任务

正确拆装气门组零件的方法、步骤和要求。

实训场地

理论与实践一体化汽修专业实训教室。

实训设备

（1）气缸体（CA6102 型发动机与 EQ6100 型发动机各 2 个）4 个。

（2）气缸盖（CA6102 型发动机与 EQ6100 型发动机各 2 个）4 个。

（3）木制支持架，工作台 4 组。

（4）其他工件、工具、清洗用料等。

知识链接

气门组主要包括气门、气门座、气门导管、气门锁片、气门油封及气门弹簧。以下介绍气门、气门座、气门导管、气门弹簧。

一、气门

组成：头部、杆部。

材料：进气门——合金钢；排气门——耐热合金钢。

1. 气门头部形状

气门头部形状如图 3-8 所示。

平顶：结构简单，吸热面积小。

球面顶：强度高，排气阻力小。

喇叭形顶：进气阻力小。

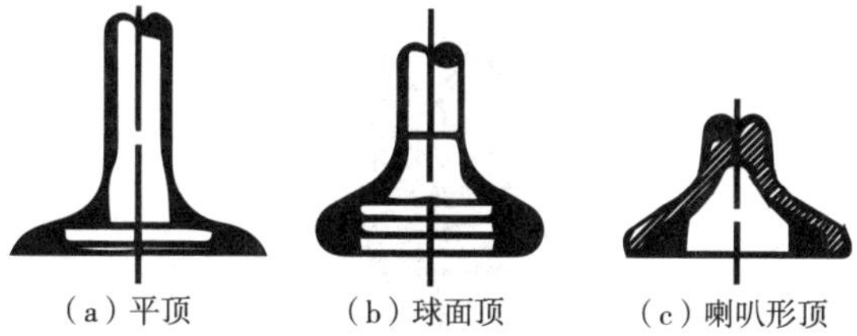

图3-8　气门头部形状

2. 气门锥面与锥角

气门锥角一般做成 45° 或 30°，气门头边缘厚度一般为 1～3 mm，如图 3-9 所示。

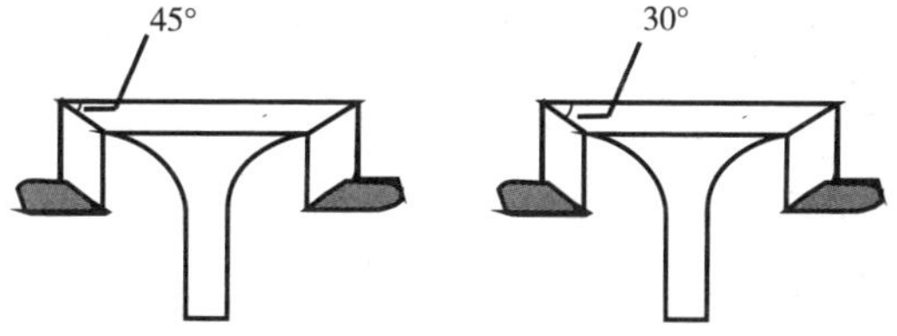

图3-9　气门锥面与锥角

3. 气门杆

气门杆为圆柱形，其表面经过热处理和磨光，尾端的形状取决于气门弹簧座的固定方式，如图 3–10 所示。

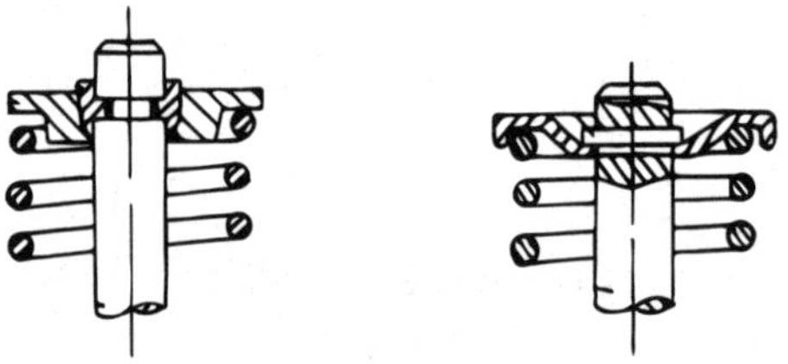

图3–10　气门杆

二、气门座

气门座与气门共同起密封作用，并接受气门传来的热量。气门座结构如图 3–11 所示。

图3–11　气门座

三、气门导管

气门导管结构如图 3–12 所示。

作用：导向、导热。

材料：灰铸铁、球墨铸铁或铁基粉末冶金。

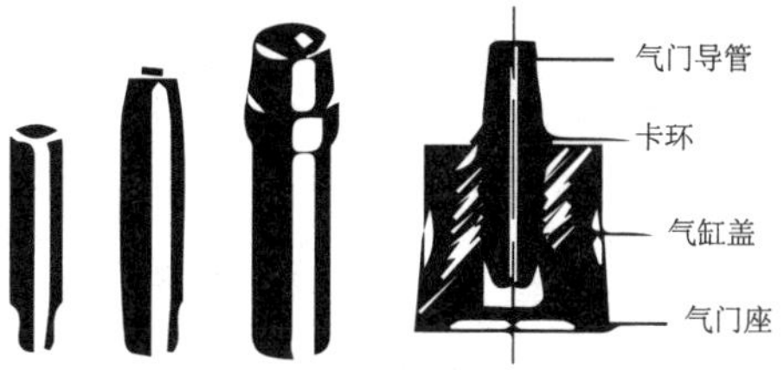

图3-12　气门导管

结构：外圆柱面经加工后压入气缸盖或气缸体的孔中，再精铰内孔。可采用卡环定位。

润滑方式：飞溅润滑。

四、气门弹簧

气门弹簧结构如图 3-13 所示。

作用：保证气门的回位。

结构：圆柱形螺旋弹簧。

防止共振的措施：

（1）提高气门弹簧的自然振动频率。

（2）可采用不等螺距的圆柱弹簧（螺距较小的一端应朝向气缸盖）。

（3）采用双气门弹簧（两弹簧旋向相反）。

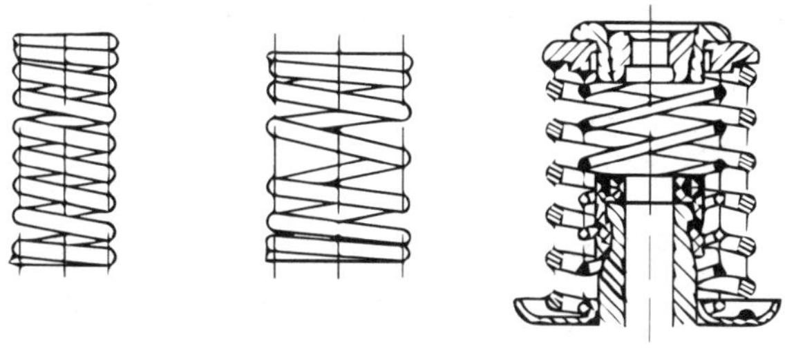

图3-13　气门弹簧

实训流程

一、实训前准备

1. 安全教育

（1）注意机件、器具、设备和人身安全。

（2）未经许可，不得随意乱动实训室内与本实训无关的任何设备、陈列器具等，不得乱动电器开关。

（3）实训室严禁烟火。

（4）严禁在实训室内嬉戏。

2. 工位清理

保持车间整洁干净，及时清扫地面，将工位整理干净，物品摆放整齐。

3. 小组分工

每班分成 4 个组，分 2 个内容进行：2 个组进行实训内容的动手操作，2 个组制订实训操作计划。依次进行轮换，分 2 次完成。

4. 确定设备及工具

准备好实训器具，将工具零件整齐摆放在工具车上，以备使用。

二、操作过程

气门组包括气门、气门导管、气门座及气门弹簧等零件，有的进气门还设有气门旋转机构。

操作一：气门组的拆卸

（1）拆下气门调整垫片。

（2）拆下进气门、排气门。使用气门拆装钳压缩气门弹簧，先后拆下气门锁片、气门弹簧座、气门弹簧及气门。

（3）使用尖嘴钳拆下气门杆油封。

（4）使用压缩空气和磁棒，拆下气门弹簧座平垫圈。

（5）拆下半圆键。

（6）清洁气缸盖：使用垫片铲刀，从气缸体接合面清除所有垫片材料；使用钢丝刷，清除燃烧室积炭；使用气门导管衬套刷和溶剂，清洁所有气门导管；使用软毛刷和溶剂，彻底清洁气缸盖。

（7）清洁气门：使用垫片铲刀铲掉气门顶部的积炭，使用钢丝刷彻底清洁气门。

（8）拆卸气门导管衬套：加热气缸盖到 80 ～ 100 ℃，使用专用工具和榔头敲出气门导管衬套。

操作二：气门组的安装

（1）安装气门导管衬套。加热气缸盖到规定温度，然后用专用工具和榔头将气门导管衬套敲入。

（2）安装半圆键。

（3）安装气门杆油封。

（4）安装进气门、排气门。使用气门拆装钳，压缩气门弹簧，并在气门杆周围放入 2 个锁片。使用塑料榔头，轻轻敲击气门端头，以确保装配合适。

（5）安装气门挺杆。

（6）安装气门调整垫片。给气门调整垫片涂一层薄机油，装在气门杆上。

三、任务检测

1. 应知

（1）气门传动组的作用、组成。

（2）气门传动组零件的作用、材料、结构及相互之间的装配关系。

2. 应会

（1）在规定时间内完成操作。

（2）应及时纠正操作过程中出现的违规操作。

（3）气门组零件的检验方法、步骤，并能实际操作。

（4）符合安全文明生产的要求。

四、展示成果

各小组派代表展示完成的任务成果，并对成果进行讲解汇报。

五、综合评价

对学生进行综合评价，将评价结果填入实训课堂评价表（表 3–2）。

表3–2 实训课堂评价表

评价人	评价项目				
	职业素养	专业能力	方法能力	社会能力	综合评价
学生自评					
小组互评					
教师点评					
师傅点评					

任务3 气门传动组的拆装与检修

实训任务

正确拆装与检修气门传动组的步骤、方法和要求。

实训场地

理论与实践一体化汽修专业实训教室。

实训设备

（1）EQ6100 型或 CA6102 型发动机 2 台。

（2）常用工具和专用工具各 5 套。

（3）发动机拆装翻转架或拆装工作台 5 套。

（4）其他（清洗用料、搁架等）若干。

知识链接

一、气门传动组的作用

定时开闭进气门、排气门，且保证气门有足够的开度。

二、气门传动组的组成

气门传动组由凸轮轴、挺柱、推杆、气门、摇臂轴和摇臂等组成，如图 3–14 所示。

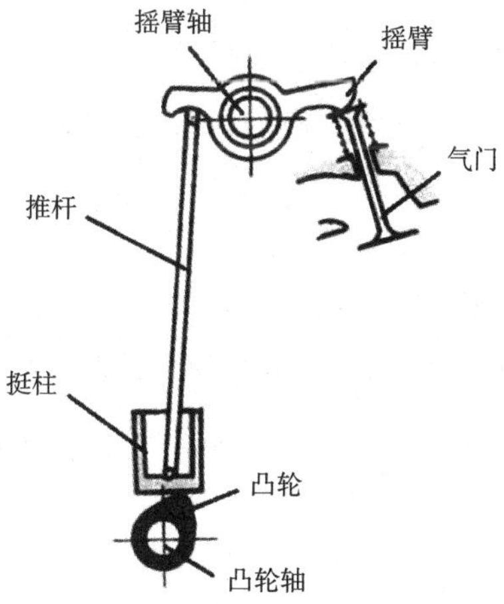

图3–14 气门传动组

三、凸轮轴

作用：按各气缸的工作顺序及配气相位的要求，定时开启和关闭各气缸的气门，并保证气门有足够的开度。

材料：优质钢、合金铸铁、球墨铸铁。

结构：如图 3–15 所示。

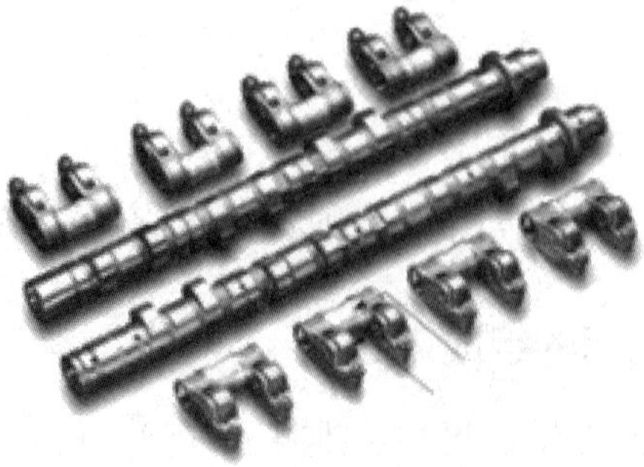

图3-15　凸轮轴

润滑方式：压力润滑、飞溅润滑。

轴向定位装置：利用止推凸缘及隔圈，改变隔圈的厚度来调整轴向间隙。

四、挺柱

作用：将凸轮的推力传给推杆或气门。

分类：挺柱有普通挺柱和液力挺柱 2 种。普通挺柱又有筒式和滚轮式等。采用液力挺柱的目的是为解决气门间隙引起的冲击和噪音。

五、推杆

推杆是将挺柱传来的推力传给摇臂的装置，有钢制实心推杆、硬铝棒推杆、钢管推杆等。

六、摇臂组总成

作用：将推杆传来的力改变方向，作用在气门杆端。

组成：摇臂、摇臂轴、摇臂轴支座、定位弹簧等。

实训流程

一、实训前准备

1. 安全教育

（1）注意机件、器具、设备和人身安全。

（2）未经许可，不得随意乱动实训室内与本实训无关的任何设备、陈列器具等，不得乱动电器开关。

（3）实训室严禁烟火。

（4）严禁在实训室内嬉戏。

2. 工位清理

保持车间整洁干净，及时清扫地面，将工位整理干净，物品摆放整齐。

3. 小组分工

每班分成 4 个组，分 2 个内容进行：2 个组进行实训内容的动手操作，2 个组制订实训操作计划。依次进行轮换，分 2 次完成。

4. 确定设备及工具

准备好实训器具，将工具零件整齐摆放在工具车上，以备使用。

二、操作过程

操作一：顶置气门上置凸轮轴式配气机构的拆装

1. 配气机构的分解拆解

（1）卸下凸轮轴轴承盖紧固螺母，其顺序是先拧松第 1、第 3、第 5 轴承盖螺母，之后对角交替拧松第 2、第 4 轴承盖螺母，取出凸轮轴。

（2）取出液力挺柱，用专用工具或自制工具压下气门弹簧座，取出气门锁片和内气门、外气门弹簧，以及气门油封和气门。

2. 配气机构的装配

（1）安装气门。

安装气门前应检查气门和气门导管的配合间隙，气门间隙应为 0.035～0.070 mm。

气门导管装上新的气门油封。安装气门油封时，首先要套上塑料管，再用专用工具压入。然后装上气门弹簧座，在气门杆部涂以机油，插入气门导管（注意不要损伤气门油封）。最后装上气门弹簧（弹簧旋向相反）和气门锁片。气门锁片装好后，用塑料锤轻敲几下，以确保锁止可靠。

（2）安装凸轮轴和气门油封。

安装好桶式液力挺柱，装好凸轮半圆键，将凸轮轴轴颈涂上少许润滑油后放入气缸盖各轴承座上。

安装凸轮时，1 缸的凸轮必须朝上。

安装凸轮轴轴承盖时，注意轴孔上下两半对准。

先对角交替拧紧第 4、第 2 轴承盖螺母，然后再交替拧紧第 5、第 3、第 1 轴承盖螺母，拧紧力矩为 20 N · m。

凸轮轴与支承孔间隙为 0.06 ～ 0.08 mm，轴向间隙应小于 0.15 mm。

在密封圈唇边和外圈涂上润滑油，将密封圈平压入，注意不要压到底，否则会堵塞油道。

放入半圆键，安装凸轮轴正时齿轮，并用 80 N · m 的转矩加以紧固。

安装凸轮轴时，1 缸的凸轮必须朝上；凸轮轴转动时，曲轴不可置于上止点，否则会损坏气门或活塞顶部。

3. 正时齿形带和齿轮的装配

首先把齿形带套在曲轴和中间轴的正时齿轮上，装上皮带轮，使凸轮轴正时齿形带轮上的“O”标记与左侧气门室盖平面对齐（桑塔纳 2000 型轿车发动机正时齿形带轮上的“OT”标记与气门室护板上的“↓”标记对齐），使三角皮带上的上止点记号和中间轴正时齿形带轮上的记号对齐（桑塔纳 2000 型轿车发动机中间轴正时齿形带轮上的“OT”标记与气门室护板上的“↓”标记对齐）。然后将齿形带套在凸轮轴正时齿形带轮上，顺时针转动张紧轮，以张紧齿形带，以用手指捏在齿形带的中间（凸轮轴正时齿形带轮和中间轴正时齿形带轮的中间）刚好可翻转 90° 为止；先用 45 N · m 的转矩紧固张紧轮固定螺母，再转动曲轴 2 圈，检查并调整正时记号是否对正。最后装上正时齿形带轮护罩。

操作二：顶置气门凸轮轴下置式配气机构的拆装（以 EQ6100-1 型发动机为例）

1. 气门组的拆卸

（1）从发动机上拆去与燃料供给系、点火系等系统有关的部件。

（2）拆卸前气门室、后气门室及摇臂机构，取出推杆。

（3）拆下气缸盖。

（4）用气门弹簧钳拆卸气门弹簧，依次取出气门锁片、气门弹簧座、气门弹簧和气门。气门锁片应用尖嘴钳取出，不得用手取出。将拆下的气门做好相应标记，按顺序放置。

（5）解体摇臂机构。

2. 气门传动组的拆卸

（1）拆下油底壳、机油泵及其传动组件。

（2）拆卸挺柱室盖及密封垫，取出挺柱并依气缸顺序放置，以便对号安装（CA6102 型发动机挺柱装在挺柱导向体中，导向休可拆卸，拆装时须注意装配标记）。

（3）拆下起动爪，用拉器拆卸皮带轮。

（4）拆下正时齿轮室盖及衬垫。

（5）检查正时齿轮安装记号，如无记号或记号不清，应做出相应的装配记号（1 缸活塞位于压缩行程上止点时）。

（6）拆下凸轮轴止推凸缘固定螺钉，平稳地将凸轮轴抽出（正时齿轮可不拆卸）。

3. 顶置气门式配气机构的安装

（1）安装前各零件应保持清洁并按顺序放好。

（2）安装凸轮轴：先装上正时齿轮室盖板，润滑凸轮轴轴颈和轴承，转动曲轴，在 1 缸压缩上止点时，对准凸轮轴正时齿轮和曲轴正时齿轮上的啮合记号，平稳地将凸轮轴装入轴承孔内；紧固止推凸缘固定螺钉，再转动曲轴，复查正时齿轮啮合情况并检查凸轮轴轴向间隙；最后堵上凸轮轴轴承座孔后端。

（3）安装气门挺柱。安装气门挺柱时，气门挺柱上应涂以润滑油并对号入座。气门挺柱装入后，其应能在挺柱孔内自由地上下移动和转动。

（4）装复正时齿轮室盖、曲轴皮带轮及起动爪。

（5）装复机油泵及其附件，装复油底壳。

（6）气门组的装配。润滑气门杆，按记号将气门分别装入气门导管内。然后翻转气缸盖，装上气门弹簧、挡油罩和气门弹簧座。用气门弹簧钳分别压紧气门弹簧，装上气门锁片（气门锁片装入后应落入气门弹簧座孔中，并使两瓣高度一致，固定可靠）。

（7）安装气缸盖。

（8）摇臂机构的装配。对摇臂、摇臂轴、摇臂轴支座等要清洗干净，并检查这些机件的油孔是否畅通；在摇臂轴涂上润滑油，按规定次序将摇臂轴支座、摇臂、定位弹簧等装在摇臂轴上。安装时，EQ6100–1 型发动机摇臂轴上的油槽要向下，出油孔向上偏发动机左侧，如装反了则摇臂机构润滑不良。首先将推杆放入挺柱凹座内，拧松摇臂上的气门间隙调整螺栓，以免固定支座螺栓时把推杆压弯。然后固定摇臂机构，自中间向两端均匀固定，要拧紧到规定的力矩。EQ6100–1 型发动机摇臂轴支座的拧紧力矩为 29 ～ 39 N · m；CA6102 型发动机摇臂轴支座的拧紧力矩，中间为 29 ～ 30 N · m，两端为 20 ～ 30 N · m。摇臂轴支座固定后，摇臂应能灵活转动。

（9）装复汽油泵、分电器等发动机外部有关机件。

4. 正时齿形带的更换安装

（1）先将曲轴正时齿轮上的正时记号对正。

（2）再将凸轮轴正时齿轮上的正时记号对正。

（3）先将正时齿形带装到曲轴正时齿轮上（注意皮带的方向）。

（4）再将正时齿形带套到凸轮轴正时齿轮上。

（5）调整张紧轮的位置，张紧齿形带，用手指捏住齿形带中间的部位（凸轮轴正时齿轮与曲轴正时齿轮的中间），若能翻转 90°，说明张紧轮的位置合适。

（6）锁紧张紧轮，并旋转曲轴 2 周，看正时记号是否对正。

（7）检查齿形带，应无裂纹、油污、断齿等现象。

5. 注意事项

（1）凸轮轴轴承盖拧紧力矩为 20 N · m。

（2）凸轮轴正时齿轮紧固螺栓拧紧力矩为 80 N · m。

（3）气缸垫标记有“OPEN/TOP”的一面朝上。

（4）气缸盖紧固螺栓拧紧分 4 步：第 1 步拧紧力矩力 40 N · m，第 2 步拧紧力矩为 60 N · m，第 3 步拧紧力矩为 75 N · m，第 4 步旋紧 90°。

（5）拆卸气缸盖时必须按照顺序拧松螺栓。

（6）拆卸凸轮轴轴承盖时要按顺序进行。

（7）装配时要按照规定的顺序和力矩来进行装配。

（8）配气机构带液压挺柱的发动机不需要调整气门间隙。

三、任务检测

1. 应知

（1）气门传动组的作用、组成。

（2）气门传动组组件的作用、材料、结构及相互之间的装配关系。

2. 应会

（1）在规定时间内完成操作。

（2）应及时纠正操作过程中出现的违规操作。

（3）气门传动组正确的拆装步骤、方法。

（4）符合安全文明生产的要求。

四、展示成果

各小组派代表展示完成的任务成果，并对成果进行讲解汇报。

五、综合评价

对学生进行综合评价，将评价结果填入实训课堂评价表（表 3–3）。

表3–3　实训课堂评价表

评价人	评价项目				
	职业素养	专业能力	方法能力	社会能力	综合评价
学生自评					
小组互评					
教师点评					
师傅点评					

任务4　气门间隙的调整

实训任务

（1）气门间隙两次调整法。

（2）气门间隙的检查、调整方法及步骤。

实训场地

理论与实践一体化汽修专业实训教室。

实训设备

（1）四缸或六缸发动机 5 台。

（2）塞尺 5 把。

（3）摇手柄、扳手、螺丝刀等工具。

知识链接

一、气门间隙的定义及大小

冷态下，在气门及其传动零件中，留有适当的间隙，以补偿气门受热后的膨胀量，这一间隙通常称为气门间隙，如图 3-16 所示。

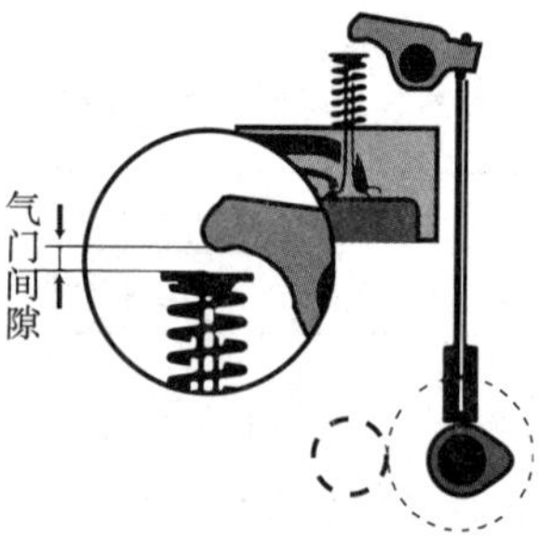

图3-16　气门间隙

一般在冷态下，进气门的气门间隙为 0.25 ～ 0.30 mm，排气门的气门间隙为 0.30 ～ 0.35 mm。

二、留有气门间隙的原因

因为气门是跟气缸体接触的，气缸体在运动的时候发出了大量的热，而气门跟气缸体接触后热量就会传到气门上，气门及其传动零件受热膨胀后势必会引起气门关闭不严，造成发动机在压缩和做功行程中漏气，从而使发动机功率下降，严重时甚至不易起动发动机，所以要留出合适的气门间隙。

三、气门间隙过大、过小的危害

1. 气门间隙过大的危害

（1）使传动零件之间及气门与气门座之间产生撞击响声，并加速磨损。

（2）使气门开启的持续时间减少，气缸充气和排气的情况变坏，功率下降。

2. 气门间隙过小的危害

热态下使气门关闭不严而发生漏气，导致发动机功率下降，甚至烧坏气门。

四、配气相位的定义

用曲轴转角表示的进气门、排气门开闭时刻和开启持续时间，称为配气相位。

五、配气相位图

表示进气门、排气门的实际开闭时刻的环形图称为配气相位图，如图 3-17 所示。

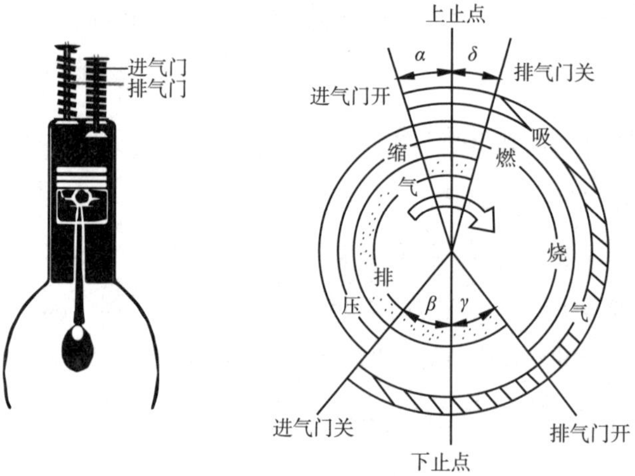

图3-17　进气门和排气门的配气相位

六、进气门的配气相位

进气提前角：α=0 ～ 30°　。

进气延迟角：β=40°～ 80°　。

进气门持续开启的时间相对于曲轴转角：180° +α+β。

七、排气门的配气相位

排气提前角：γ=40°～ 80°　。

排气延迟角：δ=0 ～ 30°　。

排气门持续开启的时间相对于曲轴转角：180° +γ+δ。

八、气门重叠

由于进气门早开，排气门晚关，在排气行程上止点附近出现了进气门、排气门同时开启的现象，称为气门重叠。

气门重叠角是气门重叠过程所对应的曲轴转角，即：γ+δ。

九、配气相位角对发动机性能的影响

1. 进气提前角

过大：重叠角过大，废气回流，进气不充分。

过小：进气不充分。

2. 进气延迟角

过大：进气不充分。

过小：气门开启时间短，进气不充分。

3. 排气提前角

过大：燃气泄漏、功率下降、油耗增加，排气管“放炮”。

过小：气门开启时间短，排气不彻底。

4. 排气延迟角

过大：重叠角过大，可燃混合气体泄漏。

过小：气门开启时间短，排气不彻底。

实训流程

一、实训前准备

1. 安全教育

（1）注意机件、器具、设备和人身安全。

（2）未经许可，不得随意乱动实训室内与本实训无关的任何设备、陈列器具等，不得乱动电器开关。

（3）实训室严禁烟火。

（4）严禁在实训室内嬉戏。

2. 工位清理

保持车间整洁干净，及时清扫地面，将工位整理干净，物品摆放整齐。

3. 小组分工

每班分成4个组，分2个内容进行：2个组进行实训内容的动手操作，2个组制订实训操作计划。依次进行轮换，分2次完成。

4. 确定设备及工具

准备好实训器具，将工具零件整齐摆放在工具车上，以备使用。

二、操作过程

以四缸直列做功顺序为1—3—4—2的发动机为例。

操作一：逐缸调整法

（1）打开气门室盖。

（2）摇转曲轴，直至飞轮（或曲轴皮带轮）的正时记号与气缸体上固定的正时记号对正。这时，1缸和4缸活塞均处于上止点位置。

（3）判断1缸是处于压缩上止点还是排气上止点。用手摇1缸的气门摇臂，如果进气门、排气门的摇臂均可摇动，则表明此时1缸处于压缩上止点；如果进气门、排气门的摇臂均摇不动，则表明此时1缸处于排气上止点。当1缸处于排气上止点时，再转动曲轴1周，即可使1缸处于压缩上止点。

（4）气门间隙检查。用规定厚度的塞尺插入气门杆与摇臂之间，来回抽动塞尺，如果过紧或过松，都表明气门间隙不合适，需要进行调整。

（5）调整气门间隙。松开锁紧螺母，旋出调整螺钉，在气门杆与摇臂之间插入厚度与气门间隙相等的塞尺，一边拧紧调整螺钉，一边不停地来回抽动塞尺，直到既能感到阻力又能抽出塞尺时锁紧螺母。在锁紧螺母时，不能让调整螺钉转动。最后再用塞尺复查1次。

（6）按做功顺序，分别摇转曲轴180°，依次使下一缸处于压缩上止点，用同样的方法检查、调整3缸、4缸、2缸的气门间隙。

操作二：两次调整法（“双排不进”法）

（1）打开气门室盖。

（2）摇转曲轴，直至1缸处于压缩上止点。

（3）检查、调整1缸进气门、排气门的气门间隙，3缸排气门的气门间隙，2缸进气门的气门间隙，方法与逐缸调整法相同。

（4）转动曲轴1周，用同样的方法依次检查、调整3缸、4缸、2缸的气门间隙。

三、任务检测

1. 应知

（1）气门间隙的大小对发动的影响。

（2）气门间隙两次调整法。

2. 应会

（1）在规定时间内完成操作。

（2）应及时纠正操作过程中出现的违规操作。

（3）气门间隙的检查、调整方法及步骤。

（4）符合安全文明生产的要求。

四、展示成果

各小组派代表展示完成的任务成果，并对成果进行讲解汇报。

五、综合评价

对学生进行综合评价，将评价结果填入实训课堂评价表（表3–4）。

表3–4　实训课堂评价表

评价人	评价项目				
	职业素养	专业能力	方法能力	社会能力	综合评价
学生自评					
小组互评					
教师点评					
师傅点评					

项目4　发动机冷却系的构造与维修

任务1　冷却液的检查、配制与更换方法

实训任务

冷却液的检查、配制与更换。

实训场地

理论与实践一体化汽修专业实训教室。

实训设备

（1）桑塔纳发动机 1 台。

（2）发动机气缸体、气缸盖各 1 个。

（3）冷却系主要部件若干。

（4）常用工具等。

知识链接

一、发动机过冷、过热的影响

发动机过冷：功率下降，油耗增加，润滑不良，磨损加剧。

发动机过热：充气量减少，燃烧不正常，功率下降，润滑不良，磨损加剧。

二、冷却系的作用

使发动机得到适度的冷却，并保持其在最适宜的温度范围内（80 ～ 90 ℃）工作。

三、冷却系的分类

冷却系有水冷系和风冷系之分。

四、冷却液

冷却液包括软水和防冻剂（防腐剂、着色剂等）。

特点：防冻、防沸腾、防锈蚀、抑制泡沫产生。

颜色：黄色、蓝绿色、淡红色等。

应定期更换，一般周期为 2 年。

五、水冷系（强制循环式水冷系）

1. 组成

冷却装置：散热器、水泵、风扇等。

冷却强度调节装置：节温器、风扇离合器、百叶窗、分水管等。

水温显示装置：水温表、水温传感器等。

2. 循环路线

水冷系循环路线如图 4–1 所示。

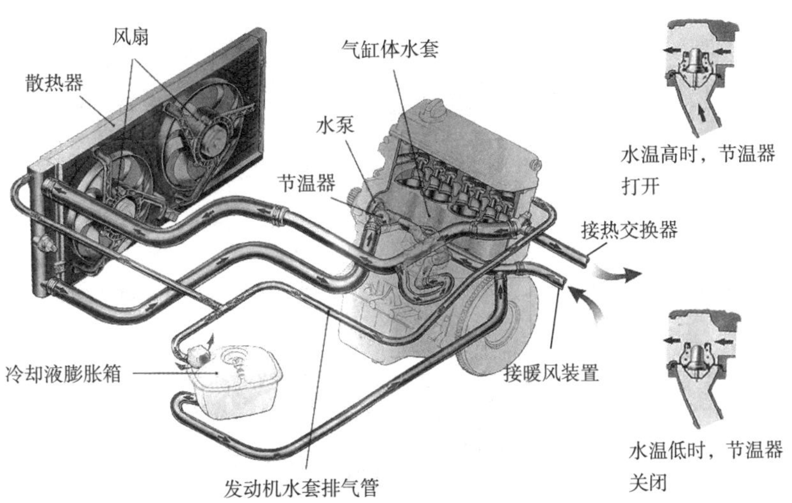

图4–1　水冷系循环路线

六、散热器

散热器又称水箱。

组成：由进水室、散热器芯和出水室等组成，如图 4–2 所示。

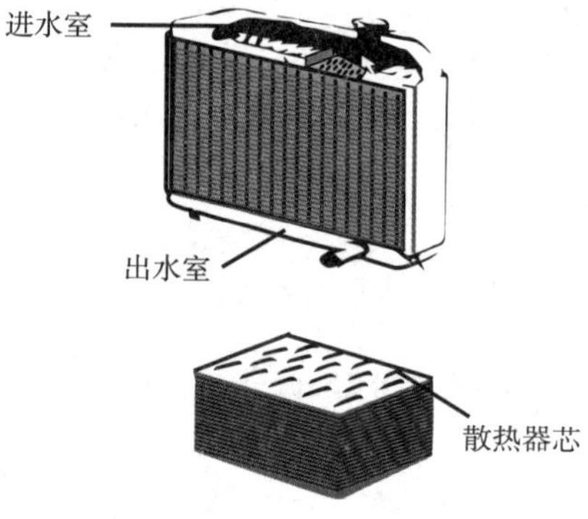

图4–2　散热器

安装：在发动机前的车架横梁上。

作用：将冷却液在水套中所吸收的热量散发至外界大气，使水温下降。

分类：散热器按冷却液流动方向的不同，可分为纵流式散热器和横流式散热器，如图 4–3 所示。

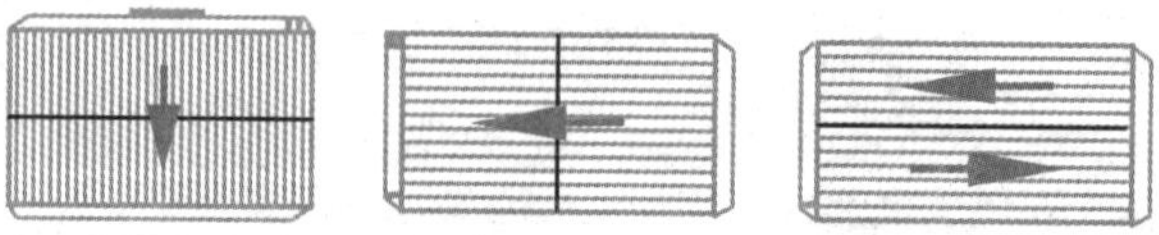

（a）纵流式散热器　（b）横流式散热器

图4–3　散热器的分类

常用散热器芯的结构形式有管片式、管带式两种，如图 4–4 所示。

（a）管片式　（b）管带式

图4–4　散热器芯的结构

七、补偿水桶

补偿水桶又称膨胀水箱，带有冷却液面记号，如图 4–5 所示。

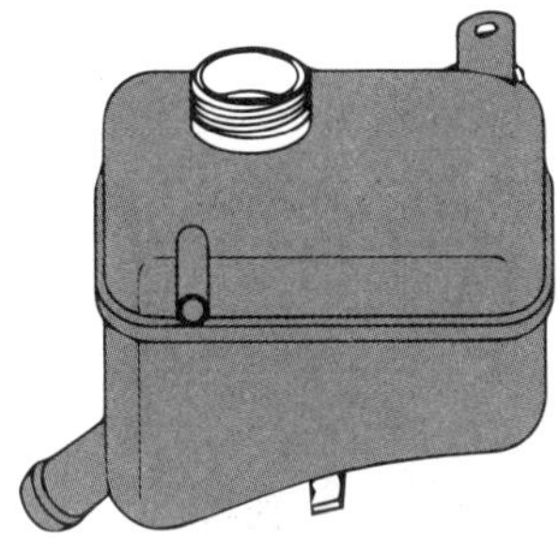

图4–5　补偿水桶

八、水泵

作用：对冷却液加压，使之在冷却系中循环流动。汽车上广泛使用离心式水泵。

组成：泵体、泵盖、叶轮、水泵轴、轴承、水封等。轴承在前，水封在后，中间有抛水圈。水泵如图 4–6 所示。

图4–6　水泵

九、风扇

风扇有机械式和电控式两种。机械式：与水泵同轴，由皮带驱动；电控式：用于轿车，是由电动机驱动的温控电动风扇。

十、节温器

大多数发动机节温器装在气缸盖的出水口处，常用蜡式节温器，如图 4–7 所示。

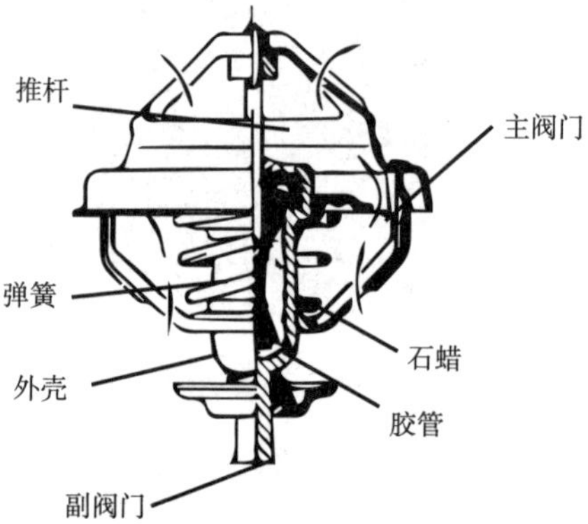

图4–7　蜡式节温器

作用：根据发动机负荷的大小和水温的高低自动改变水的循环流动路线，从而控制通过散热器冷却液的流量。

分类：单阀式和双阀式（常用）。

特点：常温时，主阀门全关，副阀门全开，冷却液进行小循环；升温后，主阀门全开，副阀门全关，冷却液进行大循环。

十一、冷却液循环路线

（1）当水温低于 70 ℃时，主阀门全关，副阀门全开，冷却液进行小循环，即水泵→缸体水套→缸盖水套→节温器→小循环管→水泵，如图 4–8 所示。

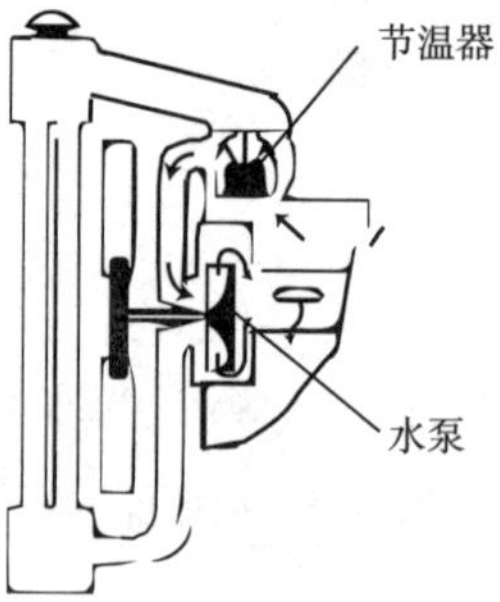

图4–8　冷却液小循环

（2）当水温高于 70 ℃、低于 80 ℃时，主阀门逐渐打开，副阀门逐渐关闭，冷却液大小循环同时进行，如图 4-9 所示。

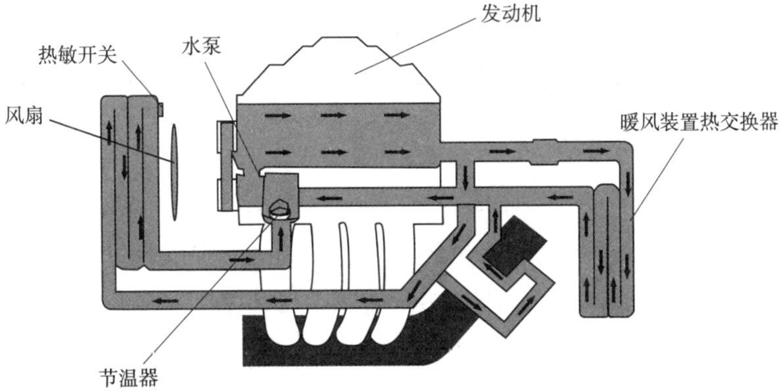

图4-9　冷却液大小循环同时进行

（3）当水温高于 80 ℃时，主阀门全开，副阀门全关，冷却液进行大循环，即水泵→缸体水套→缸盖水套→节温器→散热器进水管→散热器→散热器出水管→水泵，如图 4-10 所示。

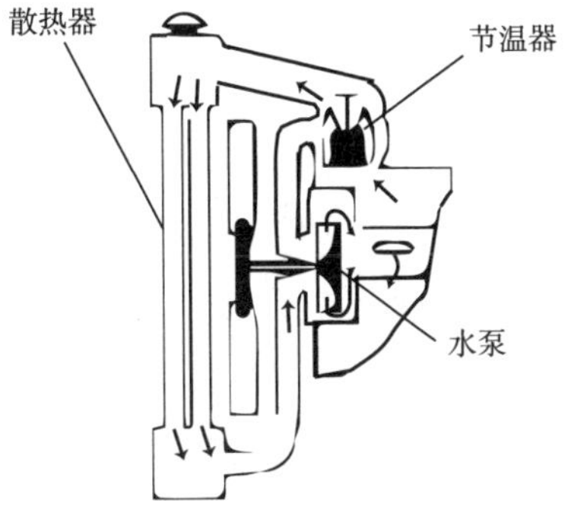

图4-10　冷却液大循环

十二、百叶窗

百叶窗位于水箱前，作用是保护和冷却散热器。

十三、风扇离合器

风扇离合器的主要作用是根据发动机水温变化，结合或切断风扇动力以适时冷却发动机散热器。风扇离合器分为硅油式、电磁式、机械式。

十四、冷却液的检查、配制与更换方法

1. 冷却液液面的检查

发动机冷却系都有一个储液箱，习惯上称副水箱。在储液箱上一般都有2条刻度线。一条是上刻度线，指的是加注冷却液时加入的量不能超过此线，否则发动机工作时散热器向储液箱内回流压力蒸气时，冷却液将会从储液箱中流出腐蚀周围的零件。一条是下刻度线，指的是当冷却液液面低于此线时，应补加冷却液，否则将会因储液箱内冷却液过少，散热器回流时因缺水而吸入空气，导致散热器容易出现“开锅”现象。

检查时，冷却液液面应处于上、下刻度线之间，冷却液液面过高应放出多余的冷却液，过低应及时补加与储液箱内相同型号的冷却液。一般不允许混合使用不同型号的冷却液，原因是不同厂家生产的冷却液内加注的化学成分不同，会造成不良的化学反应，导致冷却液严重变质。

如果检查时储液箱内严重缺水或无水，应先检查造成缺水的原因。

如果需要补加冷却液，在不知道储液箱冷却液型号时，可加注少量的蒸馏水，不能用自来水。如果没有蒸馏水，可将自来水烧开滚沸25 min，放凉并将水中的杂质沉淀去除后再加入储液箱。加注时，不允许超过上刻度线，因为散热器内压力升高后有部分液体要返回到储液箱，容易造成冷却液从储液箱中流出。如果检查发现储液箱内已经没有冷却液，说明缺液严重，从理论上来讲，应配制冷却液。但是在实际维修过程中，除了冬季外，其他3个季节都可以加注蒸馏水。水的比热大，吸热性和传热性好，散热性能比任何冷却液都好，并且在春、夏、秋3个季节中，我国大部分地区根本不存在冷却液结冰的现象。所以，只要加注蒸馏水便可满足冷却系的各项技术需要。但在冬季，需要配制冷却液，以防止冷却液结冰。

2. 冷却液的配制

冷却液是用蒸馏水（或将自来水烧开并将水中的杂质沉淀去除）和散热器液按一定的比例配制的。散热器液是一种防锈和防冻兼用的浓缩液（不允许在散热器内加注纯散热器液）。冷却液应按照要求的温度和比例进行配制。但不同的生产厂家散热器液的浓度不同，配制的方法也有所区别。冷却液配制的操作方法如图 4–11 所示，散热器液与蒸馏水一般按 1∶1 的比例配制。

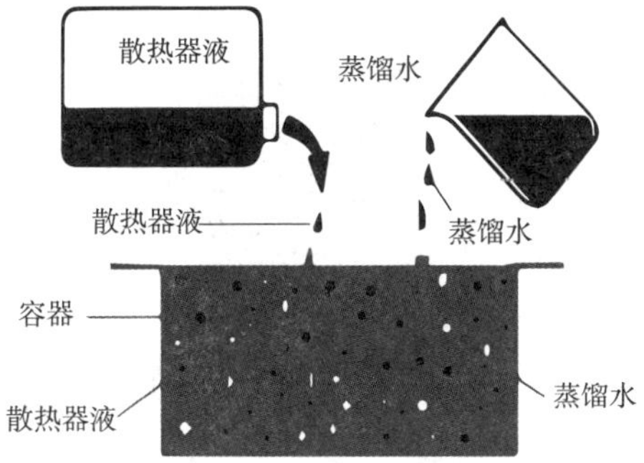

图4–11　冷却液的配制

散热器液和配制好的冷却液有毒性，配制和保管时，应注意以下事项：

（1）飞溅在皮肤及衣服上时要用肥皂冲洗。

（2）溅入眼睛内应用水充分清洗并接受专科医生的诊疗。

（3）误饮冷却液应立即吐出，观察之后再接受专科医生的治疗。

（4）应充分注意冷却液的保管，存放在小孩接触不到的安全场所。

冷却液使用一段时间后，其浓度会发生变化。浓度的变化反映比重（相对密度）的变化，所以可用比重计检查冷却液的浓度是否适用于使用地区。如图 4–12 所示，将比重计插入散热器内，吸入一定量的冷却液，查看比重计浮起时液平面所对准的刻度，再按比重查出冷却液的浓度，如表 4–1 所示。注意所测冷却液的温度，否则测量不准确。一般比重计浮起时液平面所对准的刻度越高，说明冷却液中防冻剂的百分比浓度越大。参考表 4–1 可确定冷却液使用的最低气温。

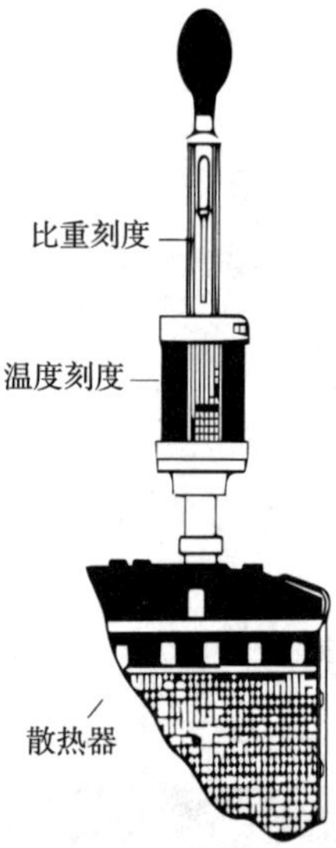

图4-12　冷却液比重计检测方法

表4-1　冷却液温度、浓度、比重对照表

冷却液浓度 / %	冷却液温度 /℃										
	0	5	10	15	20	25	30	35	40	45	50
5	1.009	1.009	1.008	1.008	1.007	1.006	1.005	1.003	1.001	0.999	0.997
10	1.018	1.017	1.017	1.016	1.015	1.014	1.013	1.011	1.009	1.007	1.005
15	1.028	1.027	1.026	1.025	1.024	1.022	1.020	1.018	1.016	1.014	1.012
20	1.036	1.035	1.034	1.033	1.031	1.029	1.027	1.025	1.023	1.021	1.019
25	1.045	1.044	1.043	1.042	1.040	1.038	1.036	1.034	1.031	1.028	1.025
30	1.053	1.052	1.051	1.049	1.047	1.045	1.043	1.041	1.038	1.035	1.032
35	1.063	1.062	1.060	1.058	1.056	1.054	1.052	1.049	1.049	1.043	1.040
40	1.072	1.070	1.068	1.066	1.064	1.062	1.059	1.056	1.053	1.050	1.047
45	1.080	1.078	1.076	1.074	1.072	1.069	1.066	1.063	1.060	1.057	1.054
50	1.086	1.084	1.082	1.080	1.077	1.074	1.070	1.068	1.065	1.062	1.059
55	1.095	1.093	1.091	1.088	1.085	1.082	1.079	1.076	1.073	1.070	1.067
60	1.100	1.098	1.095	1.092	1.089	1.086	1.083	1.080	1.077	1.074	1.071

3. 冷却液的检测

（1）观察冷却液。发动机冷机时，打开散热器盖，用手指测一下填充孔颈内的液位情况。检查有没有油脂、污垢沉积，或是否生锈。检查软管出口是否有腐蚀过后呈白色的沉积物。如果有就说明需要更换冷却液了，因为冷却液添加剂已被耗尽。如果冷却液看上去有生锈或受污染的迹象，说明应该冲洗散热器了。

（2）检查冷却液导电性。用电压表检测冷却液的导电性，操作方法如图 4-13 所示。将电压表正极搁置在散热器上，将电压表负极插到冷却液中，电压读数应为 0.2 V 或更小。

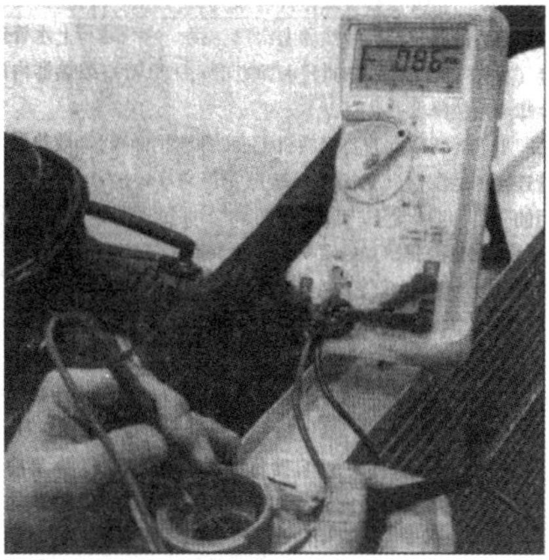

图4-13 检测冷却液的导电性

如果电压表读数为 0.5 V 或更大，则应该冲洗冷却系并更换冷却液，以防止冷却系中的金属部件受到腐蚀。当电压表读数大于 0.4 V 时，可能导致冷却液温度传感器的读数不准确。

（3）测试冷却液的状况和酸碱度。试纸条用于测试冷却液的工作状况。多色试纸条用于测试传统的冷却液和有机酸（OAT）冷却液。一些单色试纸条能检测冷却液酸碱度（pH）、防空穴添加剂和冷却液的浓度。还有其他类型的试纸条可以判断冷却液是否混用。

传统的冷却液 pH 比长效冷却液高些。新的冷却液在添加剂的影响下，其

pH 可达到 10.5。随着使用时间的增加，冷却液会慢慢呈酸性。正在使用的冷却液必须不断添加一定量的防腐剂来中和一下。这种中和能力称为储备碱度。当发动机冷却液储备碱度降低，不能再进行中和时，就要更换冷却液了。对使用中的传统的冷却液进行测试，其 pH 至少应为 9。长效冷却液更易呈酸性，因其含有有机酸成分，测试出的 pH 至少应达到 7. 5。当长效冷却液中的添加剂被稀释时，会呈更强的酸性（pH 降低），此时开始出现腐蚀现象。出现腐蚀现象后，最先失效的部件是散热器和加热器芯，因为它们是冷却系中最薄的部件。

（4）冷却液比重测试。有两种类型的测量仪能用于检测冷却液的凝点，它们都是以测量冷却液比重的方式来检测的。测试时会碰到一个问题，就是如何识别冷却液类型（技师需要知道所测试的冷却液类型）。如果是使用厂家推荐的冷却液或市场常见的乙二醇冷却液，通过颜色判断类型是很容易的。

一种测量仪是液体比重计，其用于测试冷却液的比重，如图 4-14 所示。吸一点儿冷却液到液体比重计内，读数即可。测试时，它将比较乙二醇冷却液和纯水的比重。测试前，必须先阅读液体比重计的说明书。

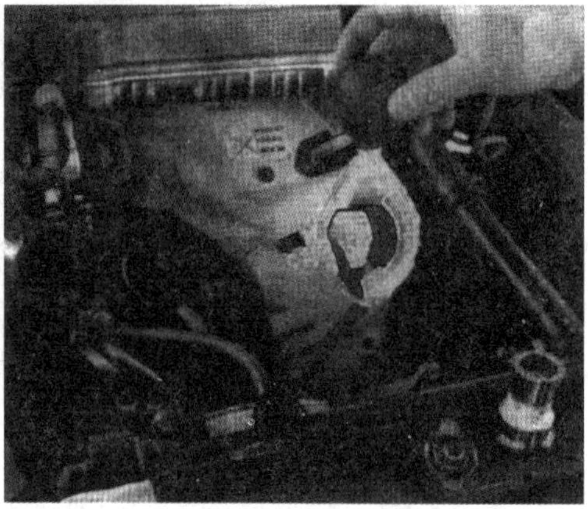

图4-14　液体比重计能检测冷却液的比重

另一种测量仪是测量冷却液的浓度，被称为折射计。它是一种光学测量仪，能测量通过液体的光有多少被折射了。在发动机冷机时进行测试，用滴眼药水的小管从散热器内取出冷却液，滴一两滴到测量仪盖下的观察镜上，如图 4-15（a）所示；然后盖上盖子，手持测量仪对着光源，观察凝点程序，如图 4-15（b）所示。

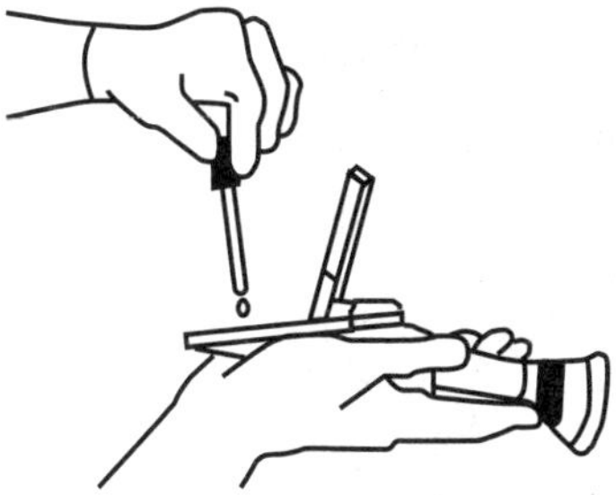

（a）滴一两滴冷却液到观察镜上

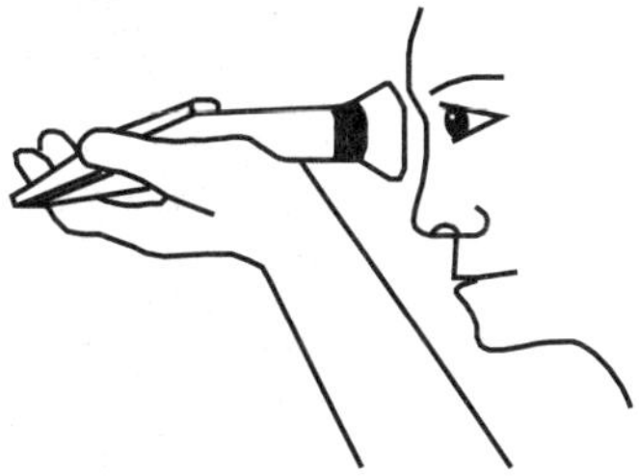

（b）盖上盖子，手持测量仪对着光源，观察凝点程序

图4–15　折射计能测量冷却液的浓度

4. 冷却液更换间隔

多数汽车制造商推荐至少每隔 3 年或行驶 30 000 km 就要更换冷却液。冷却液内的污染物是燃烧的副产物经损坏的气缸垫进入到冷却液中形成的。冷却液中的添加剂也会被消耗完，要在更换冷却液时补充。市场上也有冷却液循环机，可用它清洁和处理旧冷却液，之后再重新利用。

5. 排放冷却液

多数新型散热器装有塑料排放塞。拧松排放塞，可以让冷却液排出。如果冷却液还要重复使用，就把冷却液排到干净的盘子内。

若散热器没有排放塞，就将散热器最低端的软管拆下来，这样便可以排放冷却液。在试图拆下散热器软管之前，先转动一下散热器软管；要小心拆卸，以免损伤到散热器。

可以用专用工具拆卸散热器软管，如图 4–16 所示。拆卸散热器软管前，应先将工具往散热器内蘸一下，弄湿专用工具。如果不容易拆卸，就有必要切割软管接口。切割软管的专用刀具可以在工具专卖店买到。切割时要十分小心，不要切到加热器芯内外的薄塑料或黄铜。

图4-16　用专用工具拆卸散热器软管

有的气缸体一侧有排放塞。排放塞是尖细的管塞，通常已锈在气缸体上了，拆卸很困难。如果可接触到并且能拆下来，就从气缸体上拆下来。再装回去时，应该涂抹密封剂。

实训流程

一、实训前准备

1. 安全教育

（1）注意机件、器具、设备和人身安全。

（2）未经许可，不得随意乱动实训室内与本实训无关的任何设备、陈列器具等，不得乱动电器开关。

（3）实训室严禁烟火。

（4）严禁在实训室内嬉戏。

2. 工位清理

保持车间整洁干净，及时清扫地面，将工位整理干净，物品摆放整齐。

3. 小组分工

每班分成 4 个组，分 2 个内容进行：2 个组进行实训内容的动手操作，2 个组制订实训操作计划。依次进行轮换，分 2 次完成。

4. 确定设备及工具

准备好实训器具，将工具零件整齐摆放在工具车上，以备使用。

二、操作过程

操作一：冷却液的更换

（1）检查冷却液，如已混浊或有油污，说明有燃气、燃油、润滑油窜入冷却系中，或冷却系中有水垢，需要对冷却系进行清洗等。大多数厂商要求每 2 年排尽 1 次冷却液、清洗 1 次冷却系，并更换新的冷却液。

（2）在确认散热器中的冷却液完全变冷之后，才能拆卸散热器盖，以防热机时，打开散热器盖会因突然减压，使冷却液沸腾，蒸气从加水口喷出烫伤人。散热器盖的位置如图 4-17 所示，需要在发动机冷机时，在散热器盖上垫上棉纱后，再打开散热器盖。

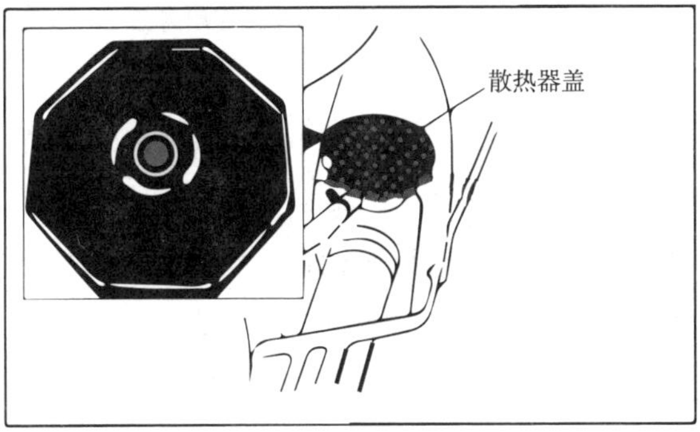

图4-17　散热器盖的位置

不需要继续使用的冷却液可直接放掉，若需要继续使用，可用专用的冷却液交换机操作。

（3）设备上应备有各种常见车型的冷却系的管接口，按要求选择合适的接口。

（4）设备专卖店内最受欢迎的设备之一就是冷却液交换机，冷却液交换机的使用如图 4-18 所示。

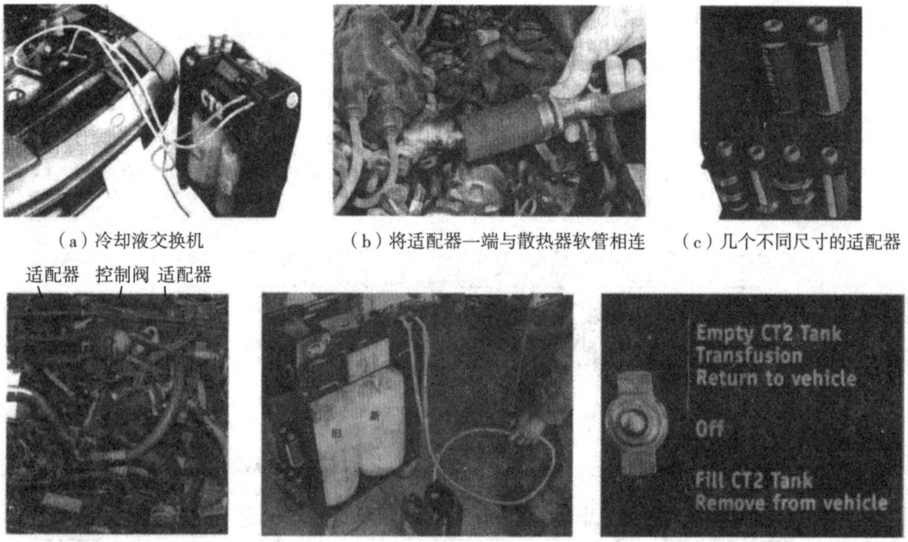

（a）冷却液交换机　（b）将适配器一端与散热器软管相连　（c）几个不同尺寸的适配器

（d）将两个适配器与散热器上的软管串接　（e）一个容器收集旧冷却液，另一个容器提供新冷却液　（f）开关用于确定是泵送旧冷却液还是新冷却液

图4-18　冷却液交换机的使用方法

（5）冷却液的交换过程也包括化学冲洗，其用于散热器因污垢造成的部分阻滞。使用市售的化学清洁剂，不需要从车上拆卸下来就可清洗散热器。将软管连到散热器，清洗时发动机怠速运转。仪表板上的加热器开关打到“加热”位置，以确保加热器芯也能被清洗到。

（6）全部堵塞的散热器要换掉。清洗过程中发动机按需要运转。

（7）清洗完毕后，如果需要中和残留的化学清洁剂，可将中和剂加入散热器内。

三、任务检测

1. 应知

（1）冷却系的作用、分类、组成。

（2）冷却液循环路线。

2. 应会

（1）在规定时间内完成操作。

（2）应及时纠正操作过程中出现的违规操作。

（3）冷却液的检查、配制与更换方法。

（4）符合安全文明生产的要求。

四、展示成果

各小组派代表展示完成的任务成果，并对成果进行讲解汇报。

五、综合评价

对学生进行综合评价，将评价结果填入实训课堂评价表（表 4–2）。

表4–2 实训课堂评价表

评价人	评价项目				
	职业素养	专业能力	方法能力	社会能力	综合评价
学生自评					
小组互评					
教师点评					
师傅点评					

任务2 散热器的维修

实训任务

（1）散热器检修、散热器压力检测、散热片修理及散热器清洗。

（2）散热器拆装操作方法和要求。

实训场地

理论与实践一体化汽修专业实训教室。

实训设备

（1）桑塔纳发动机 1 台。

（2）散热器 4 个。

（3）冷却系主要部件若干。

（4）常用工具等。

知识链接

散热器的检修主要是检测散热器盖的密封性能、各阀片控制弹簧的性能、散热器的密封性能和散热性能这几个方面。

一、散热器盖的检修

发动机冷机时，拆掉散热器盖，当冷却液损失过多时，应检查散热器盖与散热器盖口处的几个密封面和密封垫是否有密封不良的现象，如图 4–19 所示。典型的散热器盖有 3 个密封面，具有自行复原保持密封的功能。其中，冷却液复原密封面起到封闭散热器、加注管颈的作用；其他 2 个密封面是散热器盖的 2 个阀：一个压力阀和一个真空阀。压力阀弹簧将压力施加给橡胶密封圈，使其紧贴在散热器加注口上。橡胶密封圈用久了会磨损，压力弹簧会腐蚀，散热器加注口颈也会损坏。散热器盖内的压力阀在发动机熄火后会继续给冷却液施加压力。

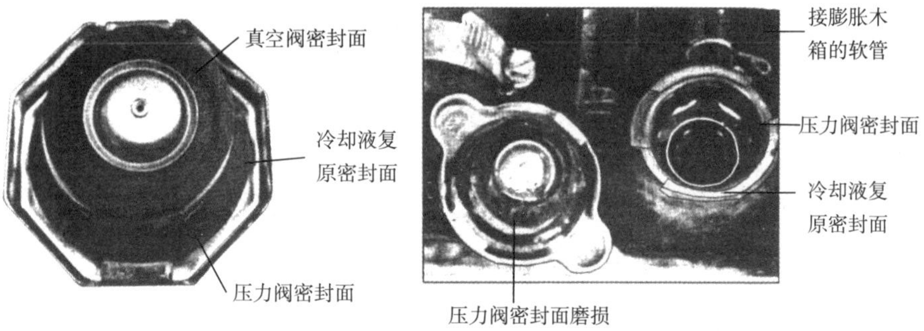

（a）散热器盖　（b）磨损的散热器盖密封面和散热器加注口颈

图4–19　散热器盖密封面检查要素

将散热器盖压力检测工具的转接头分别装在检测工具和散热器加注口上，如图 4–20 所示，给散热器盖进行加压试验。

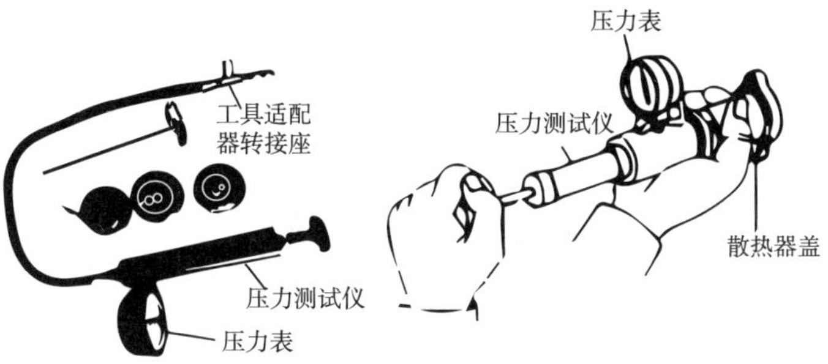

（a）检测工具一　　　　（b）检测工具二

图4-20　散热器盖压力检测方法

常见车型中规定压力大都为（90 ± 15）kPa，也有的车型为 110 ~ 140 kPa。检测时应按各车型要求的压力值进行检测，若没有被检测车型的压力数据，应参照（90 ± 15）kPa 进行。如图 4-21 所示，在散热器盖上有相关标注。

图4-21　散热器盖标注

检测时，不论压力是大于还是小于要求值，都应更换新件。

二、散热器压力检测

如图 4-22、图 4-23 所示，将压力检测装置直接装在散热器或专用工作台上，一般专用工具压力表要达到 98 kPa，并且压力能够保持 1～ 2 min。若压力达不到要求，或压力虽然能达到要求但立即下降，则说明散热器有漏气现象。对于漏气不严重的可以利用锡焊焊修，漏气严重的应更换新件。

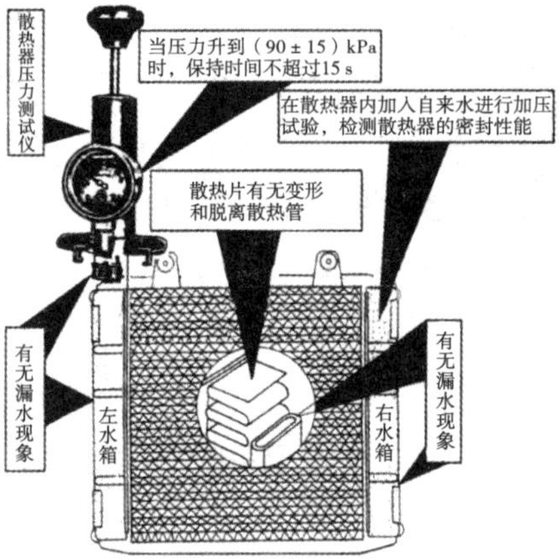

图4-22　散热器检测方法示意图

图4-23　散热器的检测方法

三、散热片的整形

散热片受到挤压会变形，严重影响散热效果，应及时检修。将细木棒削成“一”字形，给变形的散热片整形，如图4-24所示。

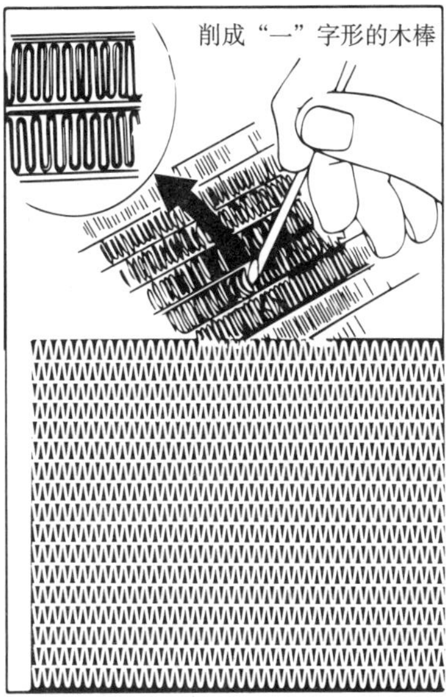

图4–24　散热片的整形

四、散热器的清洗

若散热器内堵塞严重，散热效果会严重下降，很容易导致持续的高温现象，应对散热器进行清洗。

清洗散热器时，应装在专用的清洗机上，使用专用的清洗剂便可顺利地将散热器内的水垢清洗干净。

没有专用工具时，也可以用压力器或压力水枪进行清洗，但必须提前给散热器内加注专用的清洗剂浸泡 3～4 h，否则无法清洗干净。

如果发动机工作时温度过高，首先检查恒温器的接通温度。若该温度符合要求，发动机过热很可能是因为水道里的水垢使散热器不能使水冷却所致。实际上，当水在连续循环、蒸发及在冷却系中停留时，均会形成水垢，水垢可阻塞水道，减弱散热器壁的传热能力。

检查冷却液的外观，可以察觉水垢及锈。若冷却液呈铁锈色及泥状，足以说明冷却系被阻塞。应按生产厂家对去垢剂的说明要求，使用去垢剂对冷却系进行除垢及冲洗。

发动机过热也可能是冷却液不足、气缸盖安装不正确或风扇故障等原因所致。

实训流程

一、实训前准备

1. 安全教育

（1）注意机件、器具、设备和人身安全。

（2）未经许可，不得随意乱动实训室内与本实训无关的任何设备、陈列器具等，不得乱动电器开关。

（3）实训室严禁烟火。

（4）严禁在实训室内嬉戏。

2. 工位清理

保持车间整洁干净，及时清扫地面，将工位整理干净，物品摆放整齐。

3. 小组分工

每班分成 4 个组，分 2 个内容进行：2 个组进行实训内容的动手操作，2 个组制订实训操作计划。依次进行轮换，分 2 次完成。

4. 确定设备及工具

准备好实训器具，将工具零件整齐摆放在工具车上，以备使用。

二、操作过程

操作一：散热器的拆卸

（1）拆开蓄电池负极接线。

（2）拆下散热器盖，并通过水箱底部的放水塞排空冷却液。一定要在发动机冷机时进行这一步操作。

（3）为便于操作，应将动力转向泵拆下，置于一边。注意，不要拆开动力转向压力软管，不要排放动力转向系统的液压油。

（4）拆开散热器上水、下水软管及冷却液溢流软管。

（5）对于 300ZX 车型，先举升并安全地支撑汽车，然后拆下发动机底罩。

（6）如有必要，拆开水温开关接线。

（7）拆开风扇电动机接线并拆下风扇 / 壳体。

（8）如装有自动变速驱动桥，应拆开并盖住散热器处的自动变速驱动桥润滑油冷却管。

（9）拆下散热器支架。

（10）从汽车上拆下散热器总成。

操作二：散热器的安装

在安装散热器前，确保橡胶固定衬套在其位置上。

（1）将散热器装到汽车上。

（2）安装散热器支架并拧紧固定螺母。

（3）安装风扇电动机、叶片及壳体总成，以 3 ～ 5 N · m 力矩拧紧风扇壳体固定螺栓。

（4）按与拆卸相反的顺序安装其余组件。

（5）运行发动机使其增温，然后检查是否泄漏，检查冷却液液面高度及风扇工作情况。

（6）如果拆开了自动变速驱动桥润滑油冷却管，则检查驱动桥油面高度，如有必要，则需要加注润滑油。

三、任务检测

1. 应知

（1）散热器组成结构。

（2）散热器检修、散热器压力检测、散热片整形及散热器清洗。

2. 应会

（1）在规定时间内完成操作。

（2）应及时纠正操作过程中出现的违规操作。

（3）散热器拆装操作方法和要求。

（4）符合安全文明生产的要求。

四、展示成果

各小组派代表展示完成的任务成果，并对成果进行讲解汇报。

五、综合评价

对学生进行综合评价，将评价结果填入实训课堂评价表（表 4–3）。

表4–3　实训课堂评价表

评价人	评价项目				
	职业素养	专业能力	方法能力	社会能力	综合评价
学生自评					
小组互评					
教师点评					
师傅点评					

任务3　节温器的检修

实训任务

（1）节温器的检查与测量方法。

（2）节温器的拆装操作步骤、方法与要求。

实训场地

理论与实践一体化汽修专业实训教室。

实训设备

（1）桑塔纳发动机 1 台。

（2）节温器 4 个。

（3）冷却系主要部件若干。

（4）常用工具等。

知识链接

一、节温器的作用

节温器安装在缸体冷却液出口处，或进气歧管附近，可使发动机迅速暖机。当节温器关闭时，切断冷却液在缸体和散热器之间的循环。当冷却液温度升到足够高时，开启节温器。

二、节温器的材料

节温器是由黄铜或不锈钢制成的。

三、节温器的分类

在压力冷却系中常用的有 2 种类型的蜡式节温器：正向安装式和倒置安装式。这 2 种类型的节温器都使用石蜡膨胀体，可以用期望的膨胀率开启阀门。除此之外，还有其他类型的节温器。所以更换节温器时，一定要与原来的进行对比，确保新件是合适的。图 4-25 是一个正向安装的节温器。

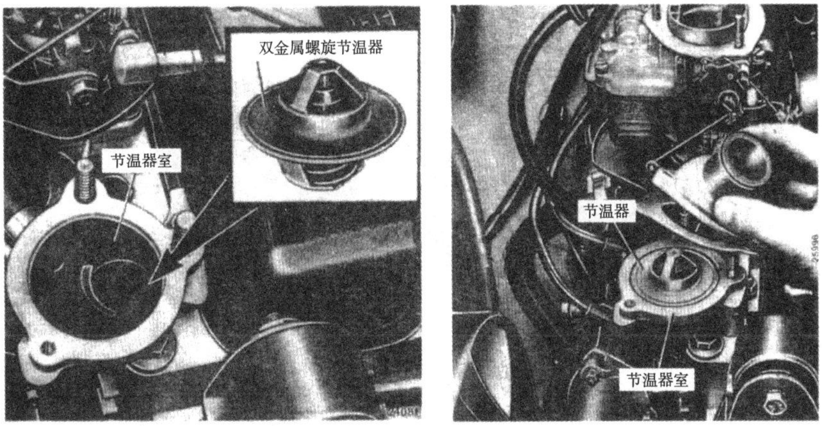

图4-25　节温器的正确位置

四、节温器的工作原理

当冷却液温度低于规定值时，节温器感温体内的精致石蜡呈固态，节温器阀在弹簧的作用下关闭发动机与散热器之间的通道，冷却液经水泵返回发动机，进行发动机内小循环。当冷却液温度达到规定值后，石蜡开始融化逐渐变为液体，体积随之增大并压迫橡胶管使其收缩。在橡胶管收缩的同时给予推杆以向上的推力，推杆对阀门有向下的反推力使阀门开启。这时，冷却液经由散热器和节温器阀，再经水泵流回发动机，进行大循环。

五、安装节温器的注意事项

安装节温器时，要确定节温器已稳固落座，再上紧冷却液出口管外壳。安装节温器时，要将传感温度部分朝向缸体。节温器规格是根据要维持的发动机工作温度来划分的，节温器的温度标识刻在石蜡球底部，单位要么是摄氏温度（℃），要么是华氏温度（°F），如图 4–26 所示。有的节温器有一个空气通道，如图 4–27 所示，由一个销或一个单向阀（止回阀）覆盖，这会为添加新冷却液时排空气提供方便，也可以提供少量冷却液循环，以便在节温器附近的冷却液温度传感器能准确地感知缸体内的冷却液温度。

图4–26　节温器工作温度

图4–27 节温器空气通道

可以利用刮削和打磨的方法将水垢清理干净，对有些可以分解的节温器，应先分解再清理水垢，这样水垢就清理得比较干净，如图 4–28 所示。

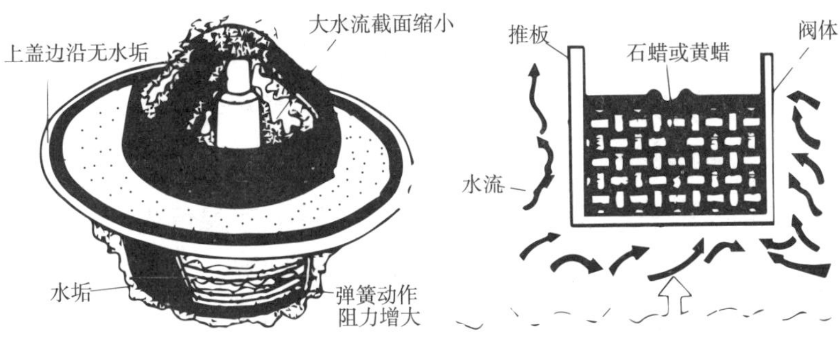

图4–28 节温器水垢示意图

六、节温器的性能检测

在酒精炉上放一容器，注入水后点燃酒精炉，将节温器悬在容器里的水中，并且在水中放入一个水温计，如图 4–29 所示。当水温升高到 70 ℃时，保持温度 5 min，再慢慢提高水温，检查阀门逐渐开启的过程；当水温达到 80 ℃时，阀门应全开，其升程应达到 3.5～4.5 mm。一般节温器工作性能应达到各车型所要求的规定值，且冷却后，节温器阀应关闭。

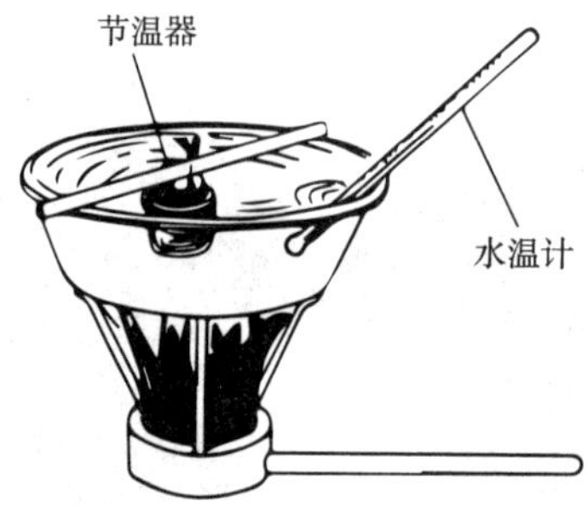

图4-29　节温器的性能检测方法

若节温器阀不能正常开启，冷却液不能实现大循环，则会造成发动机过热，说明节温器因石蜡漏失而损坏，应予以更换；若节温器阀门始终开启着，暖车时间过长，也应更换新的节温器。

由于车型不同，节温器动作的具体参数也不同，维修时，必须按原车节温器上标注的温度值和维修资料进行，否则将会导致冷却系工作异常，并且很难检查出故障。尤其是电控发动机，如果水温传感器反映给电子控制单元（ECU）的数据不准确，则会影响点火提前角以及喷油量，在闭环式供油系统中，这样的情况会更差。ECU 反映出来的故障多是水温传感器或氧传感器故障，这就是一种典型的甲地故障而在乙地表现出来的故障。

节温器与水温传感器的测量方法是相同的，所不同的是，一个根据温度计的温度变化来测量节温器的开启与行程；一个是用万用表测量温度变化时传感器阻值大小的变化。

实训流程

一、实训前准备

1. 安全教育

（1）注意机件、器具、设备和人身安全。

（2）未经许可，不得随意乱动实训室内与本实训无关的任何设备、陈列器具等，不得乱动电器开关。

（3）实训室严禁烟火。

（4）严禁在实训室内嬉戏。

2. 工位清理

保持车间整洁干净，及时清扫地面，将工位整理干净，物品摆放整齐。

3. 小组分工

每班分成4个组，分2个内容进行：2个组进行实训内容的动手操作，2个组制订实训操作计划。依次进行轮换，分2次完成。

4. 确定设备及工具

准备好实训器具，将工具零件整齐摆放在工具车上，以备使用。

二、操作过程

以1.6 L（GA16DE型）及2.0 L（SR20DE型）发动机为例。

操作一：节温器的拆装

对于大多数车型，节温器位于气缸盖上的铸件出水口处。对于1995—1997年GA16DE型发动机，节温器位于固定在水泵上的铸件出水口内。

（1）拆开蓄电池负极接线。

（2）当发动机冷却后，打开散热器上的放水塞，并将冷却液排放于合适的容器中。

（3）从出水管侧拆下散热器上软管，并拆下固定出水管的螺栓及其他组件。

（4）拆下出水口及节温器。

操作二：节温器的安装步骤

（1）清除节温器壳体与发动机气缸体配合面的旧垫圈。

（2）在安装节温器时，一定要安装新衬垫，并确保节温器的放气孔朝上，且使弹簧朝向发动机内侧。

（3）安装出水管并拧紧螺栓，其拧紧力矩如下：GA16DE型为18～22 N·m；SR20DE型为6～8 N·m。

（4）如已拆下废气吸入管夹紧螺栓，应重装它们。

（5）安装散热器上软管，关闭放水塞，并加注冷却液。

（6）连接蓄电池负极接线。

（7）起动发动机并检查泄漏。

三、任务检测

1. 应知

（1）节温器的作用、材料、分类及组成。

（2）节温器的检查与测量方法。

2. 应会

（1）在规定时间内完成操作。

（2）应及时纠正操作过程中出现的违规操作。

（3）节温器的拆装操作步骤、方法与要求。

（4）符合安全文明生产的要求。

四、展示成果

各小组派代表展示完成的任务成果，并对成果进行讲解汇报。

五、综合评价

对学生进行综合评价，将评价结果填入实训课堂评价表（表 4–4）。

表4–4　实训课堂评价表

评价人	评价项目				
	职业素养	专业能力	方法能力	社会能力	综合评价
学生自评					
小组互评					
教师点评					
师傅点评					

任务4 水泵及冷却系附件的检修

实训任务

（1）冷却系附件的组成及检修过程。

（2）水泵的拆装操作步骤、方法及要求。

实训场地

理论与实践一体化汽修专业实训教室。

实训设备

（1）桑塔纳发动机 1 台。

（2）水泵 4 个。

（3）冷却系主要部件若干。

（4）常用工具等。

知识链接

一、水泵的检修

水泵的检测如图 4–30 所示，首先检查水泵传动带的松紧程度，过紧会多消耗发动机的动力；过松容易导致水泵打滑，降低水泵的转速，造成冷却水循环减少，容易出现高温等不良现象。

水泵分解后，要测量泵体与叶轮之间的间隙是否在各车要求的范围内，如果间隙过大，应更换。

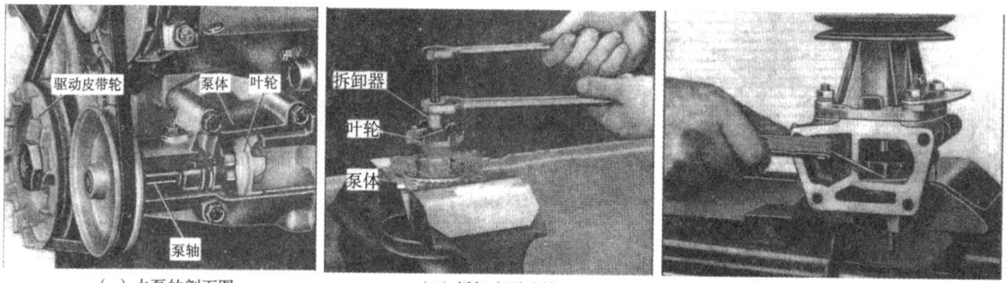

（a）水泵的剖面图　（b）拆卸水泵叶轮　（c）使用塞尺检查泵体与叶轮间隙

图4–30　水泵的分解与检测

水泵要检查的几个重点部位，如图 4–31 所示的密封轴承、弹性加压密封总成、叶轮、通气口，同时还要检查泵体与泵盖结合面有无变形，泵体有无破裂等。

水泵内有一个固定的弹性加压密封总成，用来防止冷却液外泄。从图 4–31（a）水泵的剖视图可以看出，密封轴承和弹性加压密封总成之间的位置关系。

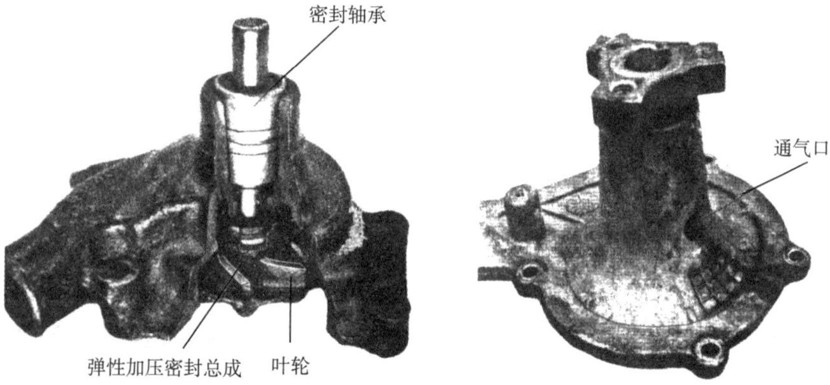

（a）水泵的剖视图　（b）当通气口有明显泄露时，说明水泵密封总成已经明显失效了

图4–31　水泵要检查的几个重点部位示意图

水泵的泵体要么是铝制的，要么是铸铁的。当铝制水泵腐蚀时，泵内容积增大，冷却液易形成气穴，会使水泵工作效率下降。气穴还会造成冷却液形成气涡，后面章节中将讨论该现象。

水泵叶轮要么是钢制的，要么是塑料制品。认真观察叶片是否存在腐蚀、松动或断裂，如果叶片有断裂碎片脱落，将会进入发动机缸体及散热器内。出现这种情况时，要将散热器分解，确保碎片被彻底地清除掉。

水泵有时会采用钢制的垫圈，用螺栓固定在水泵背面。

水泵容易出现密封轴承、叶轮、弹性加压密封总成失效的故障。弹性加压密封总成失效是很普遍的，其现象就是从水泵通气口处有冷却液泄漏。

若发动机内无冷却液了，密封圈会呈现出红热现象。此时给过热的冷却系添加冷却液，会冲击弹性加压密封总成，使其破裂。

风扇总成如果失去平衡，会导致泵轴和密封轴承损坏。

风扇离合器如果泄漏、风扇如果弯曲或断裂、铝制风扇隔板如果卷边或断裂，这些都会造成水泵失效。应确保风扇安全螺栓已固定好，以避免引起风扇总成卷边。

二、冷却系附件检修

冷却系附件检修主要包括水泵传动机构、水管道等的检修。

1. 水泵传动机构检查

水泵传动机构有“V”形带、条型带、同步带、链条传动几种。链条传动机构因需要润滑，传动机构多装在链条室或油底壳内，应按链条传动机构的方法检查。皮带传动机构如图 4–32 所示，检查皮带的松紧程度和张紧状况是否正常，否则应调整，若皮带磨损严重，应更换。

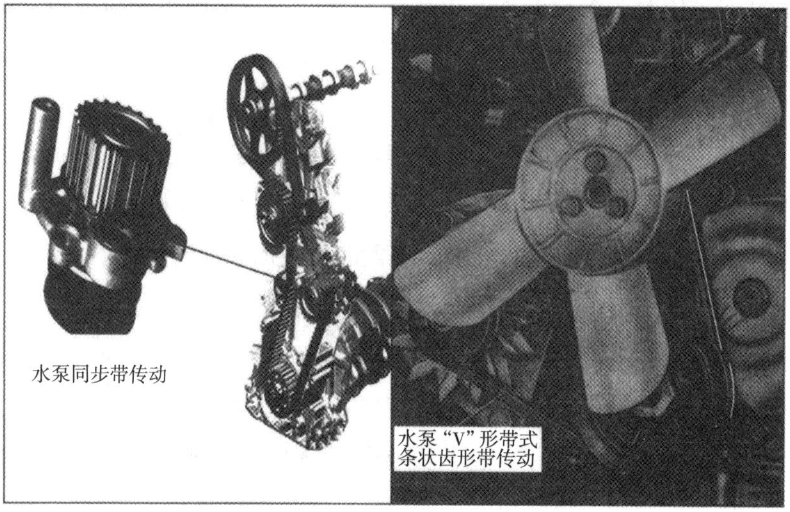

图4–32　水泵传动机构

2. 水管道的检修

随着使用时间的延长，软管会出现老化腐蚀等现象，如图 4–33 所示，应更换。同时，如图 4–34 所示要检查软管接头是否出现腐蚀，装配时卡子应正确安装。

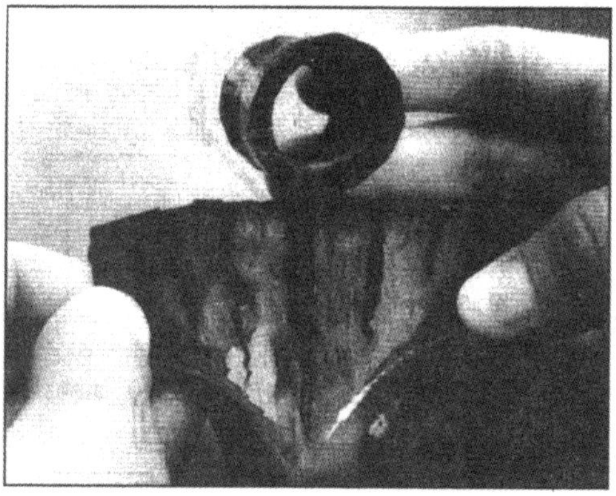

软管有一段损坏就会造成散热器堵塞节温器开启，
或者是冷却水道堵塞

图4–33　软管是否破裂检查

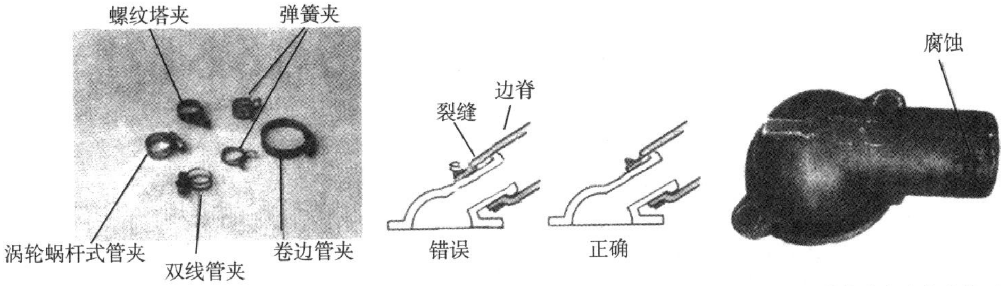

不同类型的软管夹

错误地将软管夹安装在靠近头盖的出口处，造成腐蚀

图4-34 软管接头检查与装配示意图

机体内水管道的故障主要是因为水垢堵塞，应按要求清理干净，并用压力气冲通各水管道，防止异物停留在水管道内。

实训流程

一、实训前准备

1. 安全教育

（1）注意机件、器具、设备和人身安全。

（2）未经许可，不得随意乱动实训室内与本实训无关的任何设备、陈列器具等，不得乱动电器开关。

（3）实训室严禁烟火。

（4）严禁在实训室内嬉戏。

2. 工位清理

保持车间整洁干净，及时清扫地面，将工位整理干净，物品摆放整齐。

3. 小组分工

每班分成 4 个组，分 2 个内容进行：2 个组进行实训内容的动手操作，2 个组制订实训操作计划。依次进行轮换，分 2 次完成。

4. 确定设备及工具

准备好实训器具，将工具零件整齐摆放在工具车上，以备使用。

二、操作过程

以 1.6 L（GA16DE 型）发动机为例。

操作一：水泵拆装

（1）拆开蓄电池负极接线。

（2）放出冷却液。

（3）拆下气缸盖前部的固定支架。

（4）松开水泵带轮螺栓。

（5）从空调压缩机、动力转向泵和交流发电机等处拆下发动机传动带。

（6）拆下水泵带轮。

（7）从节温器壳体上拆开接线插接口及冷却液软管。

（8）从发动机上拆下水泵和节温器壳体。注意，应同时拆下节温器外壳和水泵总成。

（9）拆下固定节温壳体的螺栓。

（10）清除密封衬垫表面所带密封垫的残余物。

操作二：水泵安装

（1）在节温器壳体的密封面连续涂上密封胶。密封胶带宽度应为 2 ～ 3 mm。

（2）安装节温器壳体，并以 7 ～ 8 N · m 的力矩拧紧固定螺栓。

（3）在水泵密封表面涂上密封胶，密封胶带宽度应为 2 ～ 3 mm。

（4）安装水泵到发动机上，并以 7 ～ 8 N · m 的力矩拧紧固定螺栓。

（5）安装水泵带轮，并以 7 ～ 8 N · m 的力矩拧紧固定螺栓。

（6）连接节温器壳体上的接线器及冷却液软管。

（7）安装并调节交流发电机、动力转向泵及空调压缩机的传动带。

（8）加注冷却液，并连接蓄电池负极接线。

（9）起动发动机，为冷却系放气，加热发动机于正常运行温度，检查有无泄漏。

（10）如有必要，在发动机冷却后，加注冷却液。

三、任务检测

1. 应知

（1）水泵的检修过程。

（2）冷却系附件的组成及检修过程。

2. 应会

（1）在规定时间内完成操作。

（2）应及时纠正操作过程中出现的违规操作。

（3）水泵的拆装操作步骤、方法及要求。

（4）符合安全文明生产的要求。

四、展示成果

各小组派代表展示完成的任务成果，并对成果进行讲解汇报。

五、综合评价

对学生进行综合评价，将评价结果填入实训课堂评价表（表 4–5）。

表4–5　实训课堂评价表

评价人	评价项目				
	职业素养	专业能力	方法能力	社会能力	综合评价
学生自评					
小组互评					
教师点评					
师傅点评					

任务5　冷却系排除空气

实训任务

（1）冷却系进入空气的检测方法。

（2）冷却系排除空气的操作步骤、方法和要求。

实训场地

理论与实践一体化汽修专业实训教室。

实训设备

（1）桑塔纳发动机 1 台。

（2）发动机缸体、缸盖各 1 个。

（3）冷却系主要部件若干。

（4）常用工具等。

知识链接

一、冷却系进入空气的危害

在将车辆交还客户之前，应反复检查，看看冷却液是否装到位，冷却系的空气是否已经排空。进入冷却系的空气能氧化冷却液、引起空穴，发动机也会因此而过热。在冷却系排空空气重新加注的过程中会出现气穴。有些冷却系如果没有空气就很难加注冷却液。因为空气动力学的缘故，许多新车将散热器安装得比其他冷却系部件还低些，使冷却系中进入的空气不能像以前那样从散热器加注口排出。应仔细阅读维修资料，按指示的方法排出空气。在排出空气的过程中，有些车辆需要拆除冷却液温度传感器或从散热器上部软管加注冷却液。

二、冷却系排出空气的方法

在冷却液加注过程中排出空气时，用千斤顶将车辆前部分顶起到千斤顶的极限高度，这有助于排空。这样，散热器相对冷却系其他部件来说，就高些了。有些发动机安装了排气螺钉，能从冷却系的高处排出空气，没有排气螺钉的发动机可以拆下高处的加热器软管，以排出空气，如图 4-35 所示。拆下加热器软管，也可将加热器芯内的空气排出。另外，还有压缩空气之类的工具，能用于冷却系排出空气。

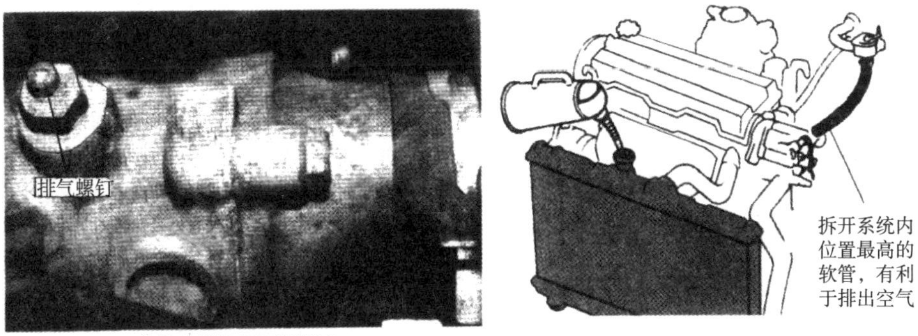

一些发动机装有排气螺钉

图4-35　冷却系排出空气的方法

三、测试空气是否渗入冷却系的方法

用无压力的盖子替换压力盖（或用胶带绑住散热器的加注孔颈）。

将散热器溢流管放入一个盛满水的广口瓶中，观察是否有气泡。

空穴是由滞留在冷却液中的气泡形成的。下面列举了形成空穴的一些原因：

（1）冷却液沸腾。

（2）冷却液中有空气。

（3）冷却系真空度超出限值。

（4）过量抽水。

（5）燃烧期间气缸壁振动。

空穴形成后，一旦冷却液中的气泡破裂，会释放高达 413 685 kPa 的压力。当已沸腾的冷却液流经发动机时，能削去金属、腐蚀掉的铝合金薄片，从而堵塞散热器。

如果让水泵超过其能力范围泵送冷却液，水泵吸入端压力就会下降，导致形成水泵叶轮空蚀。对冷却系好的维护方式，应包括使用好的防冻液、好的压力盖、软管连接紧密，这些都有助于阻止空穴的发生。冷却液中的磷酸盐添加剂能控制空穴，但是有些地方的环保法规规定磷酸盐添加剂是不能使用的。

实训流程

一、实训前准备

1. 安全教育

（1）注意机件、器具、设备和人身安全。

（2）未经许可，不得随意乱动实训室内与本实训无关的任何设备、陈列器具等，不得乱动电器开关。

（3）实训室严禁烟火。

（4）严禁在实训室内嬉戏。

2. 工位清理

保持车间整洁干净，及时清扫地面，将工位整理干净，物品摆放整齐。

3. 小组分工

每班分成 4 个组，分 2 个内容进行：2 个组进行实训内容的动手操作，2 个组制订实训操作计划。依次进行轮换，分 2 次完成。

4. 确定设备及工具

准备好实训器具，将工具零件整齐摆放在工具车上，以备使用。

二、操作过程

以 1.6 L（GA16DE 型）及 2.0 L（SR20DE 型）发动机为例。

操作一：冷却系放气

（1）转动加热器温度控制元件到加热位置，空调保持在关闭位置。

（2）拆下蒸气减压阀及放气开关盖。

（3）用合适的冷却液和水的混合物加注散热器，直至冷却液开始从溢流塞溢出。

（4）安装蒸气排放塞及排气开关盖。

（5）加注冷却液储液罐至“H”位或线“MAX”位。

（6）在散热器盖上的真空阀及其支座间放一根钢丝，这可使空气和冷却剂直接进入冷却液储液罐而不受系统压力的影响。

（7）安装散热器盖。

（8）运行发动机，直至其到达正常运行温度。

（9）提高发动机速度至 2500 r/min，运行 10 s，然后让发动机回到怠速工况。

（10）重复步骤（9）2 次，观察冷却液温度计，以免发动机过热。

（11）使发动机停机冷却，并用风扇来缩短冷却时间。

（12）拆下散热器盖，检查冷却液高度。

（13）使散热器及冷却液储液罐液体达到规定高度。

（14）重装散热盖，重复步骤（9）至步骤（13）2 ～ 3 次。

（15）发动机停机冷却。

（16）拆下散热器盖，并从真空阀拆下钢丝。

（17）重装散热器盖，并运行发动机到达正常运行温度。

（18）提高发动机转速至 4000 r/min，并听冷却液的流动声音。当发动机转速为 4000 r/min 时，在冷和热间的几个位置上移动温度控制杆，在加热器的水开关处可听到声音。

（19）如听到水声，操作如下程序：

对于 1.6 L（GA16DE 型）发动机，重复步骤（6）至步骤（10），为冷却系排气。

对于 2.0 L（LGR20DE 型）发动机，执行下面步骤。

①使发动机冷却，从加热器进水管处取下放气开关盖。

②固定合适的清洁软管于放气管，将另一端放入冷却液储液罐。

③在散热器盖上的真空阀及其支座间放一根钢丝。

④安装散热器，起动发动机。

⑤查找冷却液储液罐中的气泡。

⑥将加热器温度控制杆置于最大冷却位置，以便通过清洁软管分流冷却液。

⑦运行发动机使发动机转速至 2300 r/min，直至所有气泡从清洁软管消失。注意，不能让发动机转速高于 2300 r/min，因为减少的冷却液流量可使发动机损坏。

⑧排除气泡后，移动加热器控制杆于加热位置，并检查冷却液流动声音。如果可听见声音，重复步骤⑥至步骤⑧。

⑨停止发动机并让其冷却。

⑩拆下散热器盖并拆下钢丝。如有必要，加注冷却液，并重装散热器盖。

⑪拆下清洁软管，并重装放气开关盖。

⑫检查泄漏。

三、任务检测

1. 应知

（1）冷却系进入空气的危害。

（2）冷却系进入空气的检测方法。

2. 应会

（1）在规定时间内完成操作。

（2）应及时纠正操作过程中出现的违规操作。

（3）冷却系统排除空气的操作步骤、方法和要求。

（4）符合安全文明生产的要求。

四、展示成果

各小组派代表展示完成的任务成果，并对成果进行讲解汇报。

五、综合评价

对学生进行综合评价，将评价结果填入实训课堂评价表（表 4–6）。

表4–6　实训课堂评价表

评价人	评价项目				
	职业素养	专业能力	方法能力	社会能力	综合评价
学生自评					
小组互评					
教师点评					
师傅点评					

任务6　电动冷却风扇

实训任务

（1）冷却风扇传感器的电路分析。

（2）电动冷却风扇拆装操作步骤、方法及要求。

实训场地

理论与实践一体化汽修专业实训教室。

实训设备

（1）桑塔纳发动机 1 台。

（2）发动机冷却系风扇各 4 个。

（3）冷却系主要部件若干。

（4）常用工具等。

知识链接

一、传感器

图 4–36 所示为原车上的水温开关，两线的，螺纹粗大。

特性：水温在 93 ℃或以上时，接头上 2 个端子连通（0 电阻），水温在 93 ℃以下时，接头上 2 个端子断开（电阻无限大）。

图 4–37 所示为水温传感器，也是两线的，螺纹细小。

特性：NTC 热敏电阻（负温度系数热敏电阻），接头上 2 个端子之间的电阻随温度的上升而减少，随温度的下降而增加。

图4–36　水温开关

图4–37　水温传感器

二、电路分析

如图 4–38 所示，2 个风扇电机分别靠 2 个继电器控制，电机一端接地，一端通过继电器连接到电源正极，并且 2 个继电器的吸合线圈是并联在一起的，共同受“散热器风扇开关”控制（图中圆圈处），散热器风扇开关在水温大于 93 ℃时闭合，继电器吸合，风扇电机通电工作。另外，图中矩形框中的是受空调控制的，只要空调工作，不管散热器风扇开关是否闭合，继电器都会受发动机控制模块（ECM）的控制而闭合，2 个风扇工作。

由此可以推断，该车的风扇没有高速低速之分，只有 2 个风扇一起转和 2 个都不转的情况，十分简单。

用热敏电阻式的水温传感器，其反馈信号一般要进 ECM 进行采样分析，然后 ECM 通过功率管控制继电器。

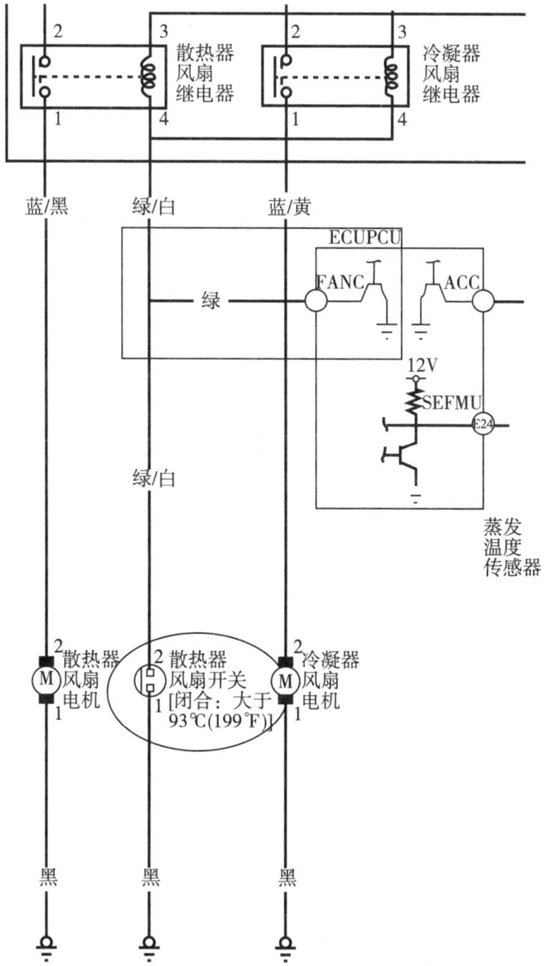

图4-38 水温传感器控制电路

实训流程

一、实训前准备

1. 安全教育

（1）注意机件、器具、设备和人身安全。

（2）未经许可，不得随意乱动实训室内与本实训无关的任何设备、陈列器具等，不得乱动电器开关。

（3）实训室严禁烟火。

（4）严禁在实训室内嬉戏。

2. 工位清理

保持车间整洁干净，及时清扫地面，将工位整理干净，物品摆放整齐。

3. 小组分工

每班分成 4 个组，分 2 个内容进行：2 个组进行实训内容的动手操作，2 个组制订实训操作计划。依次进行轮换，分 2 次完成。

4. 确定设备及工具

准备好实训器具，将工具零件整齐摆放在工具车上，以备使用。

二、操作过程

以 200SX 车型为例。

操作一：电动冷却风扇的拆卸

（1）拆开蓄电池负极接线。

（2）排放冷却液。

（3）拆下动力转向泵总成，并放于一边，以便拆装风扇。注意，不要拆开动力转向压力软管或排放转向系统内油液。

（4）拆开散热器上软管。

（5）从散热器和（或）支架拆下风扇壳体总成。注意，对于某些汽车，必须首先拆下风扇壳体总成。

（6）拆开风扇电动机的接线，并拆下风扇及其壳体总成。

（7）如必须先拆下散热器，那么先执行合适操作，以拆下散热器。

操作二：电动冷却风扇的安装

（1）安装风扇电动机及叶片，并拧紧螺栓。

（2）将散热器装到汽车上，并均匀拧紧固定螺栓。

（3）按与拆卸相反的顺序安装其他组件。

（4）连接风扇电动机接线插接口。

（5）连接散热器上软管以及其他可能已拆下的冷却系软管。

（6）如果拆下了动力转向泵，那么应重装动力转向泵。

（7）用冷却液 / 水混合物加注散热器，并执行恰当的系统放气程序。

（8）连接蓄电池负极接线。

（9）运行发动机直至正常运行温度，然后检查泄漏、冷却液高度及风扇运行情况。

三、任务检测

1. 应知

（1）冷却系冷却风扇的传感器种类。

（2）冷却风扇传感器的电路分析。

2. 应会

（1）在规定时间内完成操作。

（2）应及时纠正操作过程中出现的违规操作。

（3）电动冷却风扇拆装操作步骤、方法及要求。

（4）符合安全文明生产的要求。

四、展示成果

各小组派代表展示完成的任务成果，并对成果进行讲解汇报。

五、综合评价

对学生进行综合评价，将评价结果填入实训课堂评价表（表 4–7）。

表4–7 实训课堂评价表

评价人	评价项目				
	职业素养	专业能力	方法能力	社会能力	综合评价
学生自评					
小组互评					
教师点评					
师傅点评					

项目5　发动机润滑系

任务1　发动机润滑系的结构及工作原理

实训任务

润滑系组成部件的装配。

实训场地

理论与实践一体化汽修专业实训教室。

实训设备

（1）发动机 1 台。

（2）发动机气缸体、气缸盖各 1 个。

（3）滤清器 3 个。

（4）常用工具若干。

知识链接

一、润滑系的作用

发动机工作时，各运动零件在很小的配合间隙下做高速相对运动。由于零件接触表面凹凸不平，如果让零件的金属表面之间直接摩擦，那么将增大发动机的功率消耗，加速零件工作表面的磨损，摩擦产生的热量还可能将零件工作表面烧损，致使发动机无法正常运转。为了提高发动机工作的可靠性，延长其使用寿命，发动机工作时，润滑系连续不断地将数量足够、温度适宜、清洁的润滑油输送到各摩擦表面，并在摩擦表面形成油膜，实现液体摩擦。润滑系的主要作用有以下几点。

（1）润滑作用。在两个相对运动的零件表面之间形成油膜，避免它们直接接触，实现液体摩擦，使摩擦系数大大减小，从而减少零件磨损和发动机的功率损失。

（2）冷却作用。循环流动的润滑油不断地吸收并带走摩擦表面的热量，保持零件的正常工作温度。

（3）清洗作用。具有一定压力和黏度的润滑油在摩擦表面循环流动时，带走摩擦表面间的金属磨屑、积碳和颗粒等。

（4）密封作用。附着在气缸壁、活塞和活塞环等零件上的油膜，填充了相互间的间隙，减少了漏气，提高了零件的密封效果。

（5）减振与防锈作用。零件接触表面间的油膜，可吸收零件间的冲击振动，从而降低发动机的噪声。油膜还可以防止水、空气和酸性气体对零件表面的氧化和腐蚀。

二、发动机的润滑方式

发动机工作时，各运动零件所承受的载荷大小及相对运动速度不同，所要求的润滑强度也不同，因此需要采取不同的润滑方式。

1. 压力润滑

压力润滑是指发动机工作时，机油泵将一定压力的润滑油连续不断地压送到各摩擦表面的润滑方式。压力润滑主要适用于承受载荷大、相对运动速度较高的摩擦表面，如曲轴的主轴颈、连杆轴颈、凸轮轴轴颈和摇臂轴轴颈等与其对应的轴承（或座孔）之间的润滑。

2. 飞溅润滑

飞溅润滑是指发动机工作时，利用运动零件飞溅起来的油滴和油雾润滑摩擦表面的润滑方式。飞溅润滑主要适用于外露表面、承受载荷较小的工作表面，如气缸壁、活塞销、挺柱、气门杆、凸轮、偏心轮等的润滑。

三、润滑系的组成

如图 5-1 所示，为保证发动机得到正常的润滑，发动机润滑系一般由以下几部分组成。

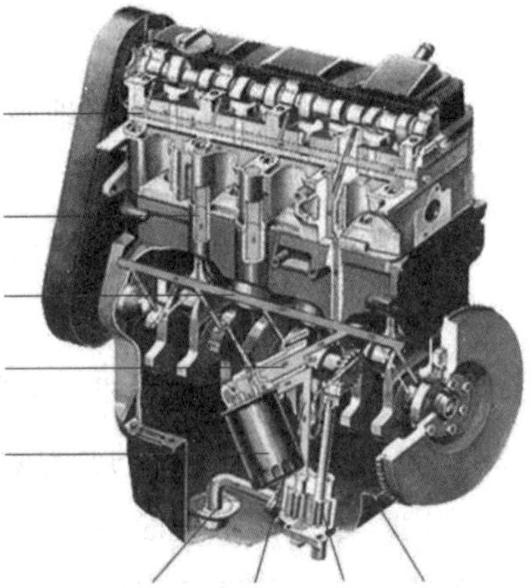

图5-1 润滑系的组成

（1）润滑油储存与输送装置，包括油底壳、机油泵、输油管和气缸体与气缸盖上的润滑油道等。其作用是保证润滑油的储存、加压和循环流动。

（2）润滑油滤清装置，包括集滤器、粗滤器和细滤器等。其作用是滤除润滑油中的金属磨屑、机械杂质和胶质等，防止堵塞油道和油管。

（3）润滑油冷却装置。一些热负荷较高的发动机设有机油散热器，以加强润滑油的冷却，确保润滑油在最佳温度范围（70 ～ 90 ℃）内工作。

（4）安全和限压装置。设在机油泵上或主油道中的限压阀、粗滤器或细滤器上的旁通阀，可以限制润滑系中的最高机油压力，保证润滑系工作时有足够的润滑油量。

（5）润滑系工作检查装置，包括机油压力表、油温表、机油标尺和机油压力过低警告灯等，以便驾驶员能随时掌握润滑系的工作状况。

四、润滑系的油路

汽车发动机润滑系油路的布置方案及润滑油的流动路线基本相同，只是由于润滑系的工作条件和一些具体结构不同而有所区别。

发动机工作时，机油泵将润滑油从油底壳吸出，经集滤器过滤并经机油泵加压后输出。从机油泵输出的润滑油分成两路，大多数（85%）润滑油经机油粗滤器滤除较大颗粒的杂质后进入主油道，经曲轴箱的前端、后端，隔板和气缸盖上的油道，分别到达曲轴主轴颈、连杆轴颈、凸轮轴轴颈、摇臂轴轴颈、正时齿轮表面和空气压缩机内进行压力润滑；飞溅的润滑油对活塞、活塞环、活塞销、气缸壁、气门杆、推杆和凸轮表面等进行飞溅润滑。少量（15%）的润滑油经限压阀进入与主油道并联的机油细滤器，滤去较细小的杂质和胶质后流回油底壳。由于油底壳中的润滑油可周期性地通过细滤器滤清，因此保证了润滑油的质量。如果润滑油温度高于设定值，部分润滑油进入散热器，冷却后流回油底壳。主油道上安装的机油压力传感器，可感应润滑系的润滑油压力。

机油泵上设有限压阀，当润滑油压力超过规定值时，限压阀打开，多余的润滑油经限压阀流回油底壳或机油泵的进油口。

机油细滤器上设有进油限压阀，当润滑油的压力较低时，进油限压阀关闭，润滑油全部进入主油道，以保证发动机的正常润滑。

机油粗滤器上设有旁通阀，当粗滤器滤芯堵塞时，润滑油压力使旁通阀开启，润滑油不经过滤而直接进入主油道，保证发动机的润滑。

润滑系中设有机油压力传感器和最低机油压力报警开关，以监控润滑系的机油压力。

实训流程

一、实训前准备

1. 安全教育

（1）注意机件、器具、设备和人身安全。

（2）未经许可，不得随意乱动实训室内与本实训无关的任何设备、陈列器具等，不得乱动电器开关。

（3）实训室严禁烟火。

（4）严禁在实训室内嬉戏。

2. 工位清理

保持车间整洁干净，及时清扫地面，将工位整理干净，物品摆放整齐。

3. 小组分工

每班分成 4 个组，分 2 个内容进行：2 个组进行实训内容的动手操作，2 个组制订实训操作计划。依次进行轮换，分 2 次完成。

4. 确定设备及工具

准备好实训器具，将工具零件整齐摆放在工具车上，以备使用。

二、操作过程

（1）观察机油泵、滤清器、机油散热器、限压阀、旁通阀等部件的安装位置及相互之间的连接关系。

（2）观察润滑油路中的气缸体、气缸盖油道等部件。

（3）在观察主油道与各主轴承座孔油道时可在主油道中放入一根尺寸合适的金属棒。

（4）再从主轴量至孔油道，插入细铁丝使其与金属棒相抵触。

（5）用手转动金属棒，细铁丝便抖动，即可验证油道与主轴承座孔油道的联系。

（6）观察曲轴箱通风各部件的连接关系。

三、任务检测

1. 应知

（1）润滑系的作用、润滑方式。

（2）润滑系的组成部件及部件间的构造。

2. 应会

（1）在规定时间内完成操作。

（2）应及时纠正操作过程中出现的违规操作。

（3）润滑系统组成部件装配关系。

（4）符合安全文明生产的要求。

四、展示成果

各小组派代表展示完成的任务成果，并对成果进行讲解汇报。

五、综合评价

对学生进行综合评价，将评价结果填入实训课堂评价表（表 5–1）。

表5–1　实训课堂评价表

评价人	评价项目				
	职业素养	专业能力	方法能力	社会能力	综合评价
学生自评					
小组互评					
教师点评					
师傅点评					

任务2　机油泵的拆装与检测

实训任务

（1）机油泵组成部件间的装配关系。

（2）机油泵的拆装操作步骤、方法和要求。

实训场地

理论与实践一体化汽修专业实训教室。

实训设备

（1）桑塔纳发动机 1 台。

（2）机油泵 3 个。

（3）润滑系主要部件若干。

（4）常用工具等。

知识链接

一、机油泵

机油泵的作用是将一定压力和足够数量的润滑油压送到各润滑表面，并保证润滑油在系统内的正常循环流动。

机油泵根据结构形式的不同分为齿轮式机油泵和转子式机油泵 2 种。齿轮式机油泵又分为外啮合式机油泵和内啮合式机油泵 2 种，一般将前者称为齿轮式机油泵。

1. 齿轮式机油泵

机油泵体内装有一个主动齿轮和一个从动齿轮，齿轮的端面由机油泵盖封闭，齿轮和泵体之间的间隙很小，泵体、泵盖和齿轮的各个齿槽间组成工作腔。主动齿轮由凸轮轴上的斜齿轮或曲轴前端齿轮驱动。

（1）外啮合齿轮式机油泵的结构简单，制造方便，工作可靠，所以应用较广泛。

（2）内啮合齿轮式机油泵由泵体、泵盖、内齿轮、外齿圈、月牙形块和限压阀等组成。其内齿轮是主动齿轮，套在曲轴前端，通过花键由曲轴直接驱动；外齿圈是从动齿轮，装在机油泵体内。泵体固定在曲轴的前端。

内啮合齿轮式机油泵由曲轴直接驱动，不需中间传动机构，所以其零件数量少，制造成本低，占用空间小，使用范围较广。

2. 转子式机油泵

转子式机油泵也称为偏心内啮合转子式机油泵，主要由泵体、泵盖、内转子、外转子、油泵轴和限压阀等组成。主动的内转子和从动的外转子都装在泵体内。主动的内转子固定在油泵轴上，从动的外转子在油泵体内可以自由转动，两者之间有一定的偏心距。内转子有 4 个凸齿，外转子有 5 个凹齿，内转子、外转子在任何位置都可形成 4 个相互独立的工作腔。

3. 安全阀

机油泵必须在发动机各种转速下都能供给足够数量的机油，以维持足够的机油压力，保证发动机的润滑。机油泵的供油量与其转速有关，而机油泵的转速又与发动机转速成正比。因此，在设计机油泵时，都是使其在低速运转时有足够大的供油量。但是，在高速运转时机油泵的供油量明显偏大，机油压力也显著偏高。另外，在发动机冷起动时，机油黏度大，流动性差，机油压力也会大幅度升高。为了防止机油压力过高，在润滑油路中设置了安全阀或限压阀。一般安全阀装在机油泵或机体的主油道上。如果安全阀安装在机油泵上，当机油压力达到规定值时，安全阀开启，多余的机油返回机油泵进口。如果安全阀安装在主油道上，则当机油压力达到规定值时，多余的机油经过安全阀流回油底壳。

实训流程

一、实训前准备

1. 安全教育

（1）注意机件、器具、设备和人身安全。

（2）未经许可，不得随意乱动实训室内与本实训无关的任何设备、陈列器具等，不得乱动电器开关。

（3）实训室严禁烟火。

（4）严禁在实训室内嬉戏。

2. 工位清理

保持车间整洁干净，及时清扫地面，将工位整理干净，物品摆放整齐。

3. 小组分工

每班分成 4 个组，分 2 个内容进行：2 个组进行实训内容的动手操作，2

个组制订实训操作计划。依次进行轮换，分 2 次完成。

4. 确定设备及工具

准备好实训器具，将工具零件整齐摆放在工具车上，以备使用。

二、操作过程

以桑塔纳汽车发动机为例。

操作一：机油泵的拆装与检测

机油泵有齿轮式机油泵和转子式机油泵 2 种形式。

1. 齿轮式机油泵的拆装与检测

（1）观察齿轮式机油泵的基本结构，如图 5–2 所示，主要由 1 对齿轮组成。

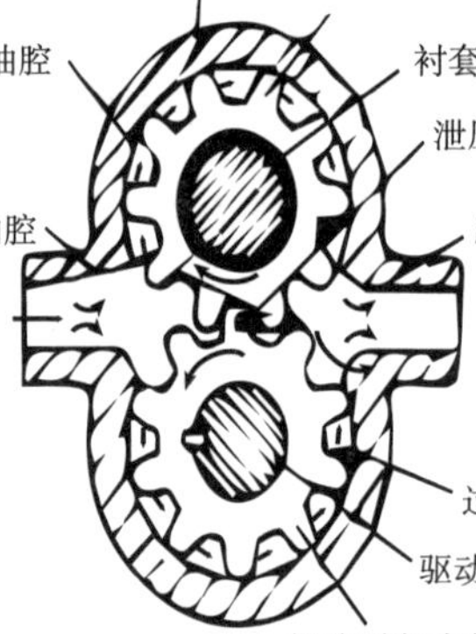

图5–2　外接齿轮式机油泵

（2）拧松分电器轴向限位卡板的紧固螺栓，拆去卡板，拔出分电器总成。

（3）拧松并拆卸 2 只将机油泵盖、机油泵体紧固到机体上去的长紧固螺栓，将机油吸油部件一起拆下。

（4）拧松并拆下机油吸油管组件紧固螺栓，拆下吸油管组件，检查并清洗滤油网。

（5）拧松并拆下机油泵盖短紧固螺栓，取下机油泵组件，检查泵盖上的限压阀。

（6）分解机油泵主动、被动齿轮，再分解齿轮和轴，垫片应更换新件。

（7）检查机油泵的磨损情况，方法如下。

检查机油泵盖与齿轮端面间隙：用钢尺直边紧靠在带齿轮的泵体端面上，如图 5-3 所示，将塞规插入两者之间的间隙进行测量，间隙标准为 0.05 mm，使用极限为 0.15 mm。若不符，可以通过增减泵盖与泵体之间的垫片来进行调整。

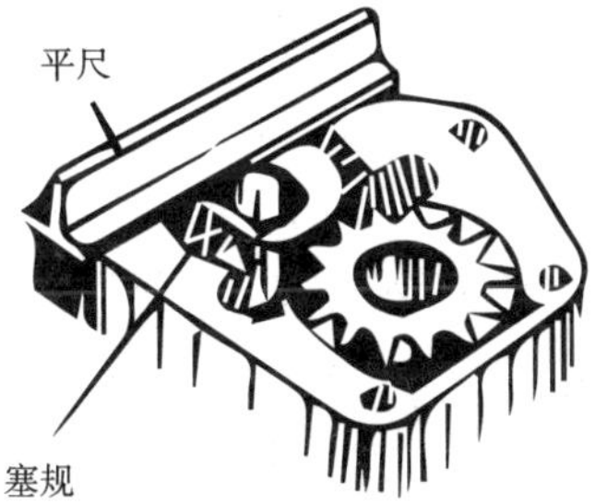

图5–3 机油泵盖与齿轮端面间隙检查

检查主动齿轮、被动齿轮与泵腔内壁间隙：用塞规插入两者之间的缝隙进行测量，如图 5-4 所示，间隙超过 0.3 mm 时应换新件。

图5–4 主动齿轮、被动齿轮与泵腔内壁间隙检查

检查主动齿轮、被动齿轮的啮合间隙：用塞规插入啮合齿间，如图 5-5 所示，间隙标准为 0.05 mm，使用极限为 0.20 mm。

图5-5　主动齿轮、被动齿轮啮合间隙检查

2. 转子式机油泵的拆装与检测

（1）观察转子式机油泵的基本结构，它主要由 1 对内转子、外转子组成，如图 5-6 所示。

（2）转子式机油泵安装位置与结构形式随不同发动机而有所不同，一般多放在发动机前端的机油泵体内，拆卸机油泵盖螺钉即可拆卸转子式机油泵。有的机油泵带有安全阀（限压阀），可将端部的调整螺钉拧松，即可取出安全阀及其弹簧组件，有的则是不可拆卸的。

（3）转子式机油泵检测。检测项目、方法与齿轮式机油泵相同，不再赘述。

（4）转子式机油泵装配。装配顺序与安装时相反。

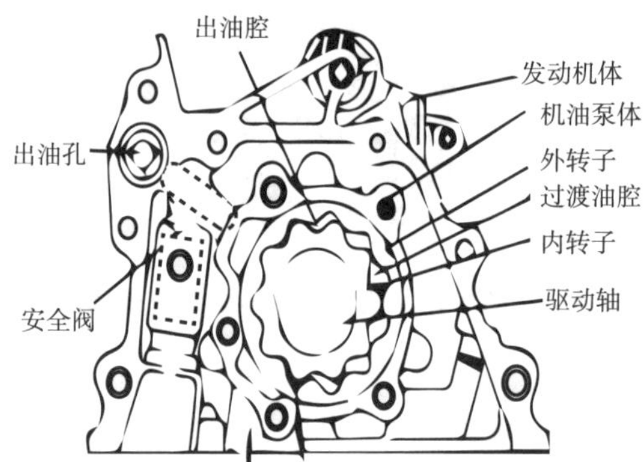

图5-6　转子式机油泵

三、任务检测

1. 应知

（1）机油泵的作用、结构形式。

（2）机油泵组成部件间的装配关系。

2. 应会

（1）在规定时间内完成操作。

（2）应及时纠正操作过程中出现的违规操作。

（3）机油泵的拆装操作步骤、方法和要求。

（4）符合安全文明生产的要求。

四、展示成果

各小组派代表展示完成的任务成果，并对成果进行讲解汇报。

五、综合评价

对学生进行综合评价，将评价结果填入实训课堂评价表（表 5–2）。

表5–2　实训课堂评价表

评价人	评价项目				
	职业素养	专业能力	方法能力	社会能力	综合评价
学生自评					
小组互评					
教师点评					
师傅点评					

任务3　机油滤清器的拆装

实训任务

（1）机油滤清器组成部件间的装配关系。

（2）机油滤清器的拆装操作步骤、方法和要求。

实训场地

理论与实践一体化汽修专业实训教室。

实训设备

（1）桑塔纳发动机 1 台。

（2）可拆机油滤清器、不可拆机油滤清器各 2 个。

（3）润滑系主要部件若干。

（4）常用工具等。

知识链接

一、机油滤清器的作用

滤除润滑油中的金属磨屑、机械杂质、胶质、水和润滑油中的氧化物，保持润滑油的清洁及良好的润滑性能，保证润滑系的正常工作。

二、机油滤清器的分类

根据滤清效果不同，机油滤清器分为集滤器、粗滤器和细滤器，并分别串联或并联在主油道中，这样既能使润滑油得到较好的滤清，又不至于造成很大的流动阻力。其中，串联于机油泵与主油道之间的称为全流式滤清器，发动机工作时润滑油全部经滤油器滤清；与主油道并联的称为分流式滤清器。

为了保证滤清效果，发动机一般采用集滤器、粗滤器和细滤器等多级滤清方式。

1. 集滤器

集滤器一般采用金属网式结构，装在机油泵进油口之前，用来滤除润滑油中较大颗粒的杂质。目前，汽车发动机所用的集滤器有浮式和固定式 2 种。

浮式集滤器能吸入油面上较清洁的润滑油，但油面上的泡沫也容易被吸入机油泵，使润滑油的压力降低，导致润滑的可靠性下降。

固定式集滤器结构简单，装在油面下，其吸入的润滑油清洁度稍逊于浮式集滤器，但可防止泡沫的吸入，保证润滑可靠。

2. 粗滤器

粗滤器的作用是滤除润滑油中较大颗粒（直径为 0.05 ～ 0.1 mm）的杂质，向主油道和摩擦表面供给较清洁的润滑油。由于其通过能力较好，一般串联在机油泵与主油道之间，属于全流式滤清器。

3. 细滤器

细滤器的作用是滤除润滑油中细小颗粒（直径小于 0.05 mm）的杂质。由于其通过能力较差，一般与主油道并联安装，属于分流式滤清器。发动机工作时，只有 15%左右的润滑油通过细滤器。

细滤器又有过滤式和离心式 2 种类型。离心式细滤器的滤清效果好，通过能力强，结构简单，工作可靠，使用寿命长，所以应用广泛。

离心式细滤器对金属和胶质有良好的滤清效果，通过能力强，不需更换滤芯，只需定期清洗即可；但润滑油从喷嘴喷出时，会与空气强烈混合并形成泡沫，将加快润滑油氧化变质的速度。离心式滤清器使用时，判断转子是否旋转正常的方法是在发动机熄火后的 2 ～ 3 min 内，由于惯性作用，以仍能听到转子旋转时发出的轻微的“嗡嗡”声为好，否则应检修。

4. 复合式机油滤清器

复合式机油滤清器由壳体、滤清器盖、粗滤芯、细滤芯、旁通阀和安全阀等组成。粗滤芯和细滤芯串联安装于壳体内，上、下端通过橡胶密封圈密封，在滤清器盖上设有旁通阀和安全阀。

发动机工作时，机油泵压出的润滑油从进油口进入机油滤清器，分别经过粗滤芯、细滤芯过滤后，进入中心腔并从出油口流入主油道。当细滤芯堵塞，使细滤芯内、外压力差超过 90 ～ 100 kPa 时，旁通阀开启，经过粗滤后的润滑油从旁通阀直接流入主油道，而不经过细滤芯的滤清；当进油口与出油口的压力差超过 196 ～ 245 kPa 时，安全阀开启，润滑油不经过滤清直接进入主油道，以确保润滑系的润滑油量。

复合式机油滤清器结构简单、工作可靠、纸质滤芯可定期更换、成本低，在汽车发动机上广泛应用。

实训流程

一、实训前准备

1. 安全教育

（1）注意机件、器具、设备和人身安全。

（2）未经许可，不得随意乱动实训室内与本实训无关的任何设备、陈列器具等，不得乱动电器开关。

（3）实训室严禁烟火。

（4）严禁在实训室内嬉戏。

2. 工位清理

保持车间整洁干净，及时清扫地面，将工位整理干净，物品摆放整齐。

3. 小组分工

每班分成 4 个组，分 2 个内容进行：2 个组进行实训内容的动手操作，2 个组制订实训操作计划。依次进行轮换，分 2 次完成。

4. 确定设备及工具

准备好实训器具，将工具零件整齐摆放在工具车上，以备使用。

二、操作过程

操作一：机油滤清器的拆装

机油滤清器分可拆卸和不可拆卸 2 种，不可拆卸机油滤清器只能使用一次，不能更换滤芯；可拆卸机油滤清器的结构，如图 5–7 所示。

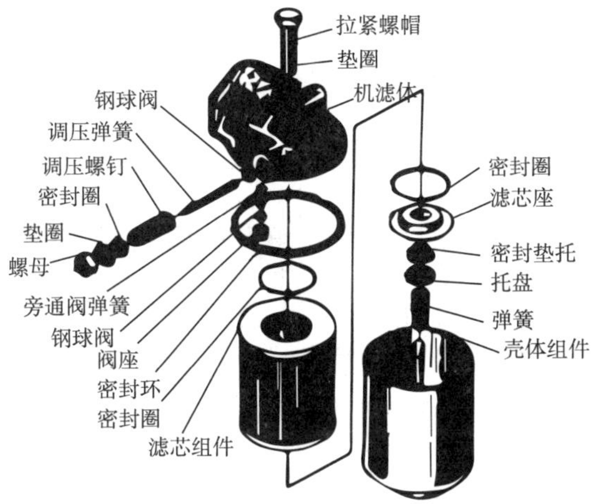

图5–7 机油滤清器分解图

机油滤清器拆卸时，旋松拉紧螺帽，即可取下滤芯组件、壳体组件等零部件。

机油滤清器常带有机油压力调整装置，只要旋松螺母，如图 5–7 所示，即可旋出调压螺钉，拆卸调压弹簧和钢球阀。

装配顺序与拆卸时相反。机油滤清器的机油压力调整需根据发动机要求，起动发动机，通过旋转调压螺钉进行调整。

三、任务检测

1. 应知

（1）机油滤清器的作用、结构形式。

（2）机油滤清器组成部件间的装配关系。

2. 应会

（1）在规定时间内完成操作。

（2）应及时纠正操作过程中出现的违规操作。

（3）机油滤清器的拆装操作步骤、方法和要求。

（4）符合安全文明生产的要求。

四、展示成果

各小组派代表展示完成的任务成果，并对成果进行讲解汇报。

五、综合评价

对学生进行综合评价，将评价结果填入实训课堂评价表（表 5–3）。

表5–3　实训课堂评价表

评价人	评价项目				
	职业素养	专业能力	方法能力	社会能力	综合评价
学生自评					
小组互评					
教师点评					
师傅点评					

任务4　发动机润滑系润滑剂

实训任务

机油更换的操作步骤、方法及要求。

实训场地

理论与实践一体化汽修专业实训教室。

实训设备

（1）桑塔纳发动机 1 台。

（2）机油泵 3 个。

（3）机油 6 桶。

（4）常用工具等。

知识链接

一、润滑剂的分类

汽车用润滑剂有机油、齿轮油和润滑脂 3 种。机油是各种发动机上使用最广泛的润滑剂，呈液体状，洁净的机油呈墨绿色。

机油分汽油机机油和柴油机机油 2 种。

齿轮油又名传动润滑油，主要用于润滑汽车、拖拉机传动系中的变速器、减速器和差速器的各种齿轮，齿轮油的黏度较润滑油大，略呈黑色，因此，也被称为黑油。由于齿轮的齿形不同，对齿轮油的要求也不同，一般分为普通齿轮油和双曲线齿轮油。两者应按说明书要求的品种加注，不能混淆。

润滑脂含有稠化剂，其性质与机油不同。绝大多数润滑脂是半固体，在常温下能保持自己的形状，在垂直表面不流失。润滑脂一般呈黄色，所以俗称黄油。润滑脂广泛用于润滑汽车各部轴承、衬套和钢板弹簧等。

二、润滑剂的作用

（1）润滑作用：将机油不断地供给各零件的摩擦表面，减少零件的摩擦和磨损。覆盖在各零件的摩擦表面，减少零件的摩擦和磨损。

（2）清洗作用：清除摩擦表面上的磨屑等杂质。

（3）冷却作用：在气缸壁上形成的油膜可冷却摩擦表面。润滑剂的循环流动也可冷却摩擦表面。

（4）密封作用：在运动零件之间、气缸壁上形成的油膜可以提高密封性，防止漏气和漏油。

（5）防锈作用：在零件表面形成的油膜可以防止零件生锈。

（6）液压作用：利用润滑油代替液压油。

（7）缓冲作用：在运动零件表面形成的油膜可以吸收冲击，减小振动。

三、发动机机油

1. 机油的作用

（1）润滑作用。机油在运动零件的所有摩擦表面之间形成连续的油膜，以减小零件之间的摩擦。

（2）冷却作用。机油在循环过程中流过零件工作表面，可以降低零件的温度。

（3）清洗作用。机油可以带走摩擦表面产生的金属碎末及冲洗掉沉积在气缸、活塞、活塞环及其他零件上的积炭。

（4）密封作用。附着在气缸壁、活塞及活塞环上的油膜，可起到密封防漏的作用。

（5）防锈作用。机油有防止零件发生锈蚀的作用。

2. 机油的使用特性及机油添加剂

汽车发动机机油在润滑系内循环流动，循环次数每小时可达 100 次。机油的工作条件十分恶劣，在循环过程中，机油与高温的金属壁面及空气频频接触，不断氧化变质。窜入曲轴箱内的燃油蒸气、废气以及金属磨屑和积炭等，使机油受到严重污染。另外，机油的工作温度变化范围很大：在发动机起动时，为环境温度；在发动机正常运转时，曲轴箱中机油的平均温度可达 95 ℃或更高。同时，机油还与 180 ～ 300 ℃的高温零件接触，受到强烈的加热。

（1）适当的黏度。机油黏度对发动机的工作有很大的影响。黏度过小，在高温、高压下容易从摩擦表面流失，不能形成足够厚度的油膜；黏度过大，冷机起动困难，机油不能被泵送到摩擦表面。机油的黏度随温度变化而变化。温度升高，黏度减小；温度降低，黏度增大。

（2）优异的氧化安定性。氧化安定性是指机油抵抗氧化作用不使其性质发生永久变化的能力。当机油在使用与储存过程中与空气中的氧气接触而发生氧化时，机油的颜色变暗，黏度增加，酸性增大，并产生胶状沉积物。氧化变质的机油将腐蚀发动机零件，甚至破坏发动机的工作。

（3）良好的防腐性。机油在使用过程中不可避免地被氧化而生成各种有机酸。这类酸性物质对金属零件有腐蚀作用，可能使铜铅和镉镍一类的轴承表面出现斑点、麻坑或使合金层剥落。

（4）较低的起泡性。由于机油在润滑系中快速循环和飞溅，必然会产生泡沫。如果泡沫太多，或不能迅速消除泡沫，将造成摩擦表面供油不足。控制泡沫生成的方法，是在机油中添加泡沫抑制剂。

（5）强烈的清净分散性。机油的清净分散性是指机油分散、疏松和移走附着在零件表面上的积炭和污垢的能力。为使机油具有清净分散性，必须加入清净分散添加剂。

（6）高度的极压性。在摩擦表面之间的油膜厚度小于0.3～0.4 μm的润滑状态，称边界润滑。习惯上把高温、高压下的边界润滑，称为极压润滑。机油在极压条件下的抗磨性称为极压性。

3. 机油的分类

国际上广泛采用美国汽车工程师学会（SAE）黏度分类法和美国石油学会（API）使用分类法，而且它们已被国际标准化组织（ISO）确认。SAE按照机油的黏度等级，把机油分为冬季用机油和非冬季用机油。冬季用机油有6种牌号：SAE0W、SAE5W、SAE10W、SAE15W、SAE20W和SAE25W；非冬季机油有4种牌号：SAE20、SAE30、SAE40和SAE50。号数较大的机油黏度较大，适用于在较高的环境温度下使用。

API根据机油的性能及其最适合的使用场合，把机油分为S系列和C系列2类。S系列为汽油机油，目前有SA、SB、SC、SD、SE、SF、SG和SH等8个级别；C系列为柴油机油，目前有CA、CB、CC、CD和CE等5个级别。级别越靠后，使用性能越好，适用的机型越新或强化程度越高。其中，SA、SB、SC、SD和CA、CB、CD-Ⅱ、CE等级别的机油已经废止，将不再使用。

我国的机油分类法参照ISO分类方法。

GB/T 28772—2012规定，按机油的性能和使用场合分为：

（1）汽油机油：SE、SF、SG、SH、SJ、SL、SM、SN等8个级别。

（2）柴油机油：CC、CD、CF、CF-2、CF-4、CG-4、CH-4、CI-4、CJ-4等9个级别。

4. 机油的更换及注意事项

首先，要正确选用合格优质的润滑油。按照车辆生产厂家的规定正确选用机油的质量级别，并根据车辆的具体车况及环境温度来选择合适的机油黏度级别，如旧车、环境温度较高，就需要选择黏度较大的机油，而对于新车和刚大修后的车辆就要选择黏度较小的机油，因为新车或大修后的车辆需要磨合，黏度低有利于清洗、散热，及时清洗金属磨粒，有利于快速到达润滑部位。

其次，在使用中要时常观察润滑系是否工作正常。要经常检查油底壳油面高度，始终保持机油面高度正常。在使用中要注意机油压力、发动机运转是否正常，如异常应查找原因并排除，若发现润滑油变质、变色、油底壳沉积过多或油中混入水、燃油时，应及时更换。

另外，要保证润滑系及其附件的质量及工作状况。如机油滤清器的质量、机油压力调节阀的工作状态、轴瓦配合间隙的大小及机油管路的密封性等均会影响润滑系的正常工作。同时，应定期清洗润滑系部件如机油散热器、油底壳、机油管路等，保证润滑系清洁畅通。

如以中高级机油更换普通机油，应先放尽原有机油，并将润滑系清洗干净，不可混用。如选用说明书指定机油外的代用机油，除品质高于或等于原机油外，黏度应稍大于原有机油的黏度，这样较为安全可靠。

机油更换的时机，可凭经验从机油颜色、气味、透明度、手感、流动性等来决定。当然，用油质分析仪鉴别更好。

至于用国产机油替代进口机油时，ISO 分类的 SD 级机油可替代 API 使用分类的 SD 级机油，ISO 分类的 SE 级可替代 API 使用分类的 SE 级机油，如此类推。

实训流程

一、实训前准备

1. 安全教育

（1）注意机件、器具、设备和人身安全。

（2）未经许可，不得随意乱动实训室内与本实训无关的任何设备、陈列器具等，不得乱动电器开关。

（3）实训室严禁烟火。

（4）严禁在实训室内嬉戏。

2. 工位清理

保持车间整洁干净，及时清扫地面，将工位整理干净，物品摆放整齐。

3. 小组分工

每班分成4个组，分2个内容进行：2个组进行实训内容的动手操作，2个组制订实训操作计划。依次进行轮换，分2次完成。

4. 确定设备及工具

准备好实训器具，将工具零件整齐摆放在工具车上，以备使用。

二、操作过程

（1）运转发动机，使其达到工作温度。然后使用千斤顶将车辆顶起，拉起手刹并将前轮用木楔挤上。

（2）在油底壳下方放置盛油容器，找到油底壳的放油螺栓，慢慢拧开放油螺栓，注意拧开的瞬间机油会喷出且温度较高，小心不要接触到热机油。用盛油容器接收旧机油，注意让旧机油多滴一段时间。

（3）将盛油容器移到机油滤芯的下方，使用机油滤芯扳手将滤芯拧松，用手将其拧下。如果滤芯依然很热，记住一定要戴上手套。不要担心滤芯拧得很紧在拆下的过程中会损坏滤芯，只要不损坏安装滤芯的接口螺丝和滤芯周围的部件就可以了。拆下的滤芯不再使用。

（4）参照用户使用手册选择合适的机油滤芯。

（5）使用新机油涂抹新机油滤芯的接口垫圈。如果机油滤芯安装位置是垂直的，可以在机油滤芯中倒入一些新机油，这样可以在下次发动机起动时减少干磨。用手将机油滤芯拧入，然后按照指示的方法将机油滤芯拧紧（通常是在用手将机油滤芯拧紧后再拧入3/4圈）。

（6）接下来，参照用户使用手册，将新机油倒入油底壳。可以使用漏斗，防止将机油倒在发动机外部。检查发动机下部是否有泄漏。如果没有泄漏，放下车辆，检查机油尺，并起动发动机。起动后，仪表上的指示灯应该马上熄灭。最后，关闭发动机重复检查机油量。根据相关法规处理旧机油和机油滤芯。

注意事项：

更换机油时，还应换上新的机油滤芯。由于机油是通过机油滤清器来过滤机油中的杂质的，如果不换机油滤芯，则停留在机油滤芯上的杂质会流入干净的机油中，油质就会被污染，这就失去了更换机油的意义。所以，更换机油的时候，机油滤芯也应一并清洗或更换，之后再倒入新的机油，直到规定的部位为止。

当然，最后换机油的时候也要小心点，不要将废弃的机油乱丢，机油对环境是很有危害的。

三、任务检测

1. 应知

（1）润滑剂的分类、作用。

（2）润滑剂的作用、使用特性及我国机油分类。

2. 应会

（1）在规定时间内完成操作。

（2）应及时纠正操作过程中出现的违规操作。

（3）润滑油更换的操作步骤、方法及要求。

（4）符合安全文明生产的要求。

四、展示成果

各小组派代表展示完成的任务成果，并对成果进行讲解汇报。

五、综合评价

对学生进行综合评价，将评价结果填入实训课堂评价表（表 5–4）。

表5–4　实训课堂评价表

评价人	评价项目				
	职业素养	专业能力	方法能力	社会能力	综合评价
学生自评					
小组互评					
教师点评					
师傅点评					

项目6　化油器式汽油机燃油系的构造与维修

任务1　化油器式汽油机燃油系的构造与工作原理

实训任务

化油器拆装操作步骤、方法及要求。

实训场地

理论与实践一体化汽修专业实训教室。

实训设备

（1）桑塔纳 2000 GLi 汽车 1 辆。

（2）OTC 数字式万用表 1 只。

（3）简单化油器 2 件。

（4）常用和专用工具若干套。

知识链接

一、作用

不断地输送滤清的汽油和清洁的新鲜空气，根据发动机各种不同的要求，配制出一定数量和浓度的可燃混合气体，进入气缸燃烧，做功后，将废气排入大气。

二、组成

化油器式汽油机燃油系的组成，如图 6–1 所示。

（1）汽油供给装置：包括汽油箱、汽油滤清器、汽油泵和油管。

（2）空气供给装置：空气滤清器。

（3）可燃混合气体准备装置：化油器。

（4）可燃混合气体供给和废气排出装置：进气管、排气管及排气消声器。

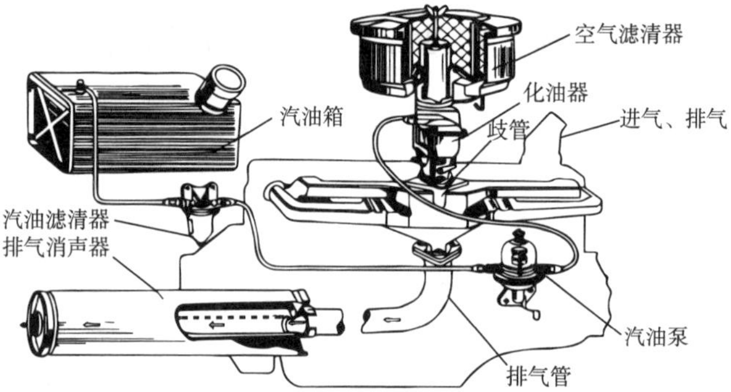

图6–1　化油器式汽油机燃油系的组成

三、简单化油器与可燃混合气体的形成过程

化油器分为简单化油器和复杂化油器。化油器还可分为下吸式与平吸式。化油器从节气门的形式上又可分为转动式和升降式。

1. 简单化油器

简单化油器由上、中、下 3 个部分组成，上部分有进气口和浮子室，中间部分有喉管、量孔和喷管，下部分有节气门等，如图 6–2 所示。

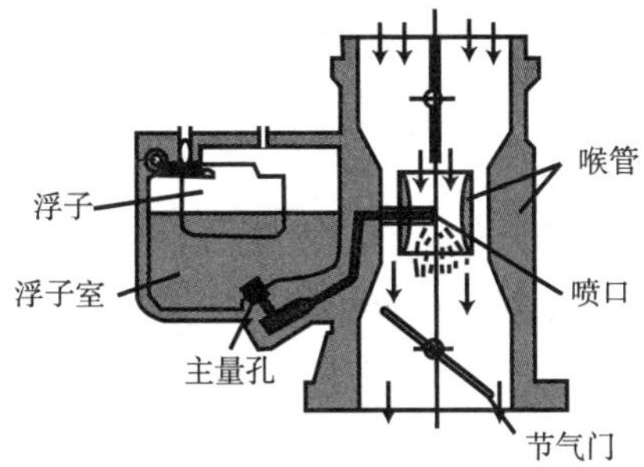

图6-2　化油器结构示意图

（1）浮子机构。

组成：浮子、针阀、浮子室。

作用：控制和贮存来自汽油泵的燃油，与汽油泵相配合保持油面的规定高度。

浮子材料：塑料。

（2）喷管和量孔。

作用：计量燃油。

切口朝下以便喷油，管口高出浮子室油面 2 ～ 5 mm。

（3）喉管。

形状：进口像漏斗，出口像喇叭。

作用：增加空气流速，形成真空吸力，使汽油从喷管内喷出，利用空气流速将喷出的汽油吹散雾化（空气流速为燃油流速的 25 倍）。

（4）空气室（喉管咽喉处以上）和混合室（喉管以下到节气门轴）。

（5）节气门。

作用：控制可燃混合气体的流量，改变发动机的功率。

在节气门开启过程中，节气门开启的角度是通过面积和进气量的增大来变化的，如图 6-3 所示。

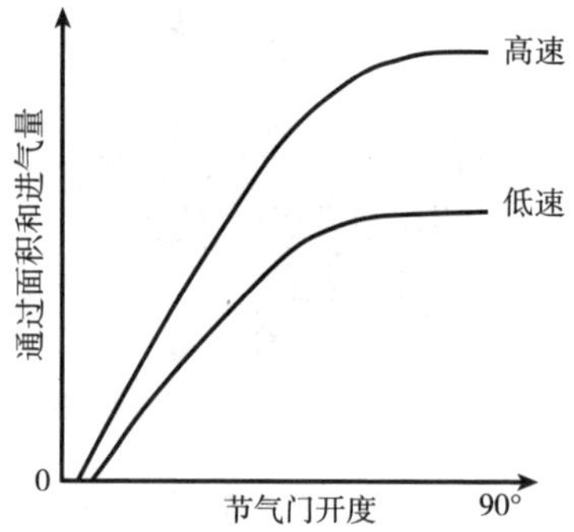

图6-3　节气门开启的角度与通过面积、进气量的关系

影响发动机进气量的因素：节气门开度和发动机转速。

2. 可燃混合气体的形成过程

可燃混合气体的形成开始于化油器的混合室，持续于进气管和气缸中，直到压缩行程结束，如图 6-4 所示。

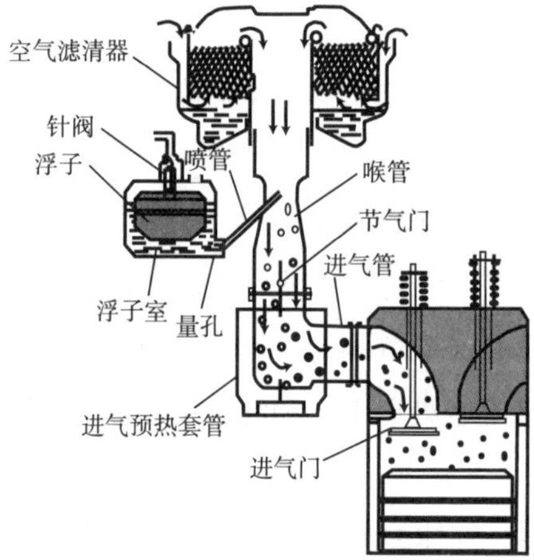

图6-4　可燃混合气体形成原理示意图

（1）最初阶段：在化油器中，小部分燃油汽化，大部分雾化。

（2）持续阶段：进气管中。

（3）最后阶段：气缸中。

进入气缸的混合物有 3 种状态：油气、油粒、油膜。

在整个进气过程中，所采用的汽化方法有喷雾、吹散、降压、冲刷、加热、涡流等方式。

3. 发动机对燃料燃烧的要求

（1）足够的压缩终了压力和温度。

（2）正确的点火时刻和良好的火花。

（3）良好的空气与燃油的混合比。

实训流程

一、实训前准备

1. 安全教育

（1）注意机件、器具、设备和人身安全。

（2）未经许可，不得随意乱动实训室内与本实训无关的任何设备、陈列器具等，不得乱动电器开关。

（3）实训室严禁烟火。

（4）严禁在实训室内嬉戏。

2. 工位清理

保持车间整洁干净，及时清扫地面，将工位整理干净，物品摆放整齐。

3. 小组分工

每班分成 4 个组，分 2 个内容进行：2 个组进行实训内容的动手操作，2 个组制订实训操作计划。依次进行轮换，分 2 次完成。

4. 确定设备及工具

准备好实训器具，将工具零件整齐摆放在工具车上，以备使用。

二、操作过程

操作一：化油器上体的拆卸

（1）用螺针旋具拆下上体与中体的连接螺钉，取下化油器上体及上体密封垫。

（2）拆下进油管接头，取出进油滤网。

（3）从浮子支架上抽出浮上轴，取下浮子。

（4）拆下油面调整螺钉，然后取下浮子支架。

（5）从上体中取出浮子支架弹簧。

（6）用专用套筒扳手折下真空加浓活塞总成。

（7）拆下进油针阀总成及密封圈。

（8）拆下阻风门固定螺钉，取下阻风门。

（9）抽出阻风门轴后，依次从阻风门轴上取下阻风门回位扭簧、控制臂、半自动阻风门拉簧。

操作二：化油器中体的拆卸

（1）拆下加速泵连接钩固定钢丝和连接钩。

（2）抽出加速泵拉杆及连接板。

（3）拔出加速泵活塞杆的开口销，取下活塞杆和弹簧。

（4）从连接板上取下机械加浓阀控制推杆。

（5）从浮子室内取出真空加浓阀推杆。

（6）拆出真空加浓阀总成和机械加浓阀总成。

（7）拆出泡沫管后，拆下小喉管固定螺钉，取下小喉管和密封垫。

（8）拆出第一和第二怠速空气量孔和怠速油量孔。

（9）拆下加速喷口螺钉，依次取出密封圈、加速喷口、重块和钢球。

（10）拆下主量孔本体温表功率量孔。

（11）从量孔本体中拆下主量孔。

（12）拆下中体与下体的连接螺钉，取下中体和密封垫。

操作三：化油器下体的拆卸

（1）拆下怠速调整螺钉及弹簧。

（2）拆下节气门开度调整螺钉及弹簧。

（3）拆下节气门轴固定螺母，取下节气门操纵臂。

（4）拆下节气门 2 个紧固螺钉，取下节气门。

（5）抽出节气门轴。

操作四：汽油泵的拆装

（1）拧下汽油泵盖上的螺母，取出泵盖及橡胶密封垫。

（2）拧下汽油泵上体、下体连接螺钉，使汽油泵上体、下体分离。

（3）从汽油泵上体取出进油阀、出油阀。

（4）从泵膜拉杆上拧下泵膜固定螺母，依次取下垫圈、泵膜组件、泵膜弹簧、密封垫和泵膜拉杆等。注意，在拧下泵膜固定螺母时，应用手指抵住泵膜，以免泵膜弹簧将零件弹出。

（5）取下摇臂回位弹簧。

（6）拧下手油泵轴上的螺钉，取下手油泵拉臂及密封圈，用铳头铳出手油泵轴。

（7）拆下摇臂轴两端的卡环，用铳头铳出摇臂。

（8）按先拆后装、后拆先装、从内到外的顺序装复。

拆装注意事项：装配关系。操作规范：拆卸出的零件摆放要整齐，操作要规范。

三、任务检测

1. 应知

（1）化油器式汽油机燃油系的构造。

（2）化油器式汽油机燃油系的工作原理。

2. 应会

（1）在规定时间内完成操作。

（2）应及时纠正操作过程中出现的违规操作。

（3）化油器拆装的操作步骤、方法及要求。

（4）符合安全文明生产的要求。

四、展示成果

各小组派代表展示任务成果，并对成果进行讲解汇报。

五、综合评价

对学生进行综合评价，将评价结果填入实训课堂评价表（表 6–1）。

表6–1　实训课堂评价表

评价人	评价项目				
	职业素养	专业能力	方法能力	社会能力	综合评价
学生自评					
小组互评					
教师点评					
师傅点评					

任务2　化油器的构造及工作原理

实训任务

化油器的检修与调整的操作步骤、方法与要求。

实训场地

理论与实践一体化汽修专业实训教室。

实训设备

（1）桑塔纳 2000 GLi 汽车 1 辆。

（2）OTC 数字式万用表 1 只。

（3）简单化油器 2 件。

（4）常用和专用工具若干套。

知识链接

一、现代化油器

1. 主供油装置

作用：保证发动机在中小负荷范围内工作时，供给随节气门开度增大逐渐被稀释的混合气体（α=0.8 ～ 1.1）。除怠速工况外，主供油装置都起作用。

结构方案（为校正简单化油器的缺陷，采用以下 3 种方案）：①调节燃油量使汽油流出量随节气门开大而适当减小，方法有降低出油真空度 ΔPh 或用调节针改变量孔通过的截面。②调节空气量，使空气量随节气门开大而适当增多，即：使喉管尺寸发生适当变化。③燃油量和空气量同时调节，方法有降低主量孔处真空度。

工作原理（降低主量孔处真空度的主供油装置）：发动机不工作时 $P0=Pk=Ph$；当发动机进入中小负荷时，节气门开大，在 $\Delta Ph=P0-Ph$ 作用下，喷油 - 空气室液面下降；$Ph<Pk<P0$，$\Delta Ph>\Delta Pk$，供油量由 ΔPk 决定。

总结：最初供油的瞬时，混合气体是浓的；随后喷出物不再是液体，而是泡沫状的，有利于雾化和蒸发；空气室压力发生变化，降低了吸油真空度，使出油量开始受到抑制而减少；降低主量孔外面真空度的实质是降低了汽油流出的流速和流量。

2. 怠速装置

作用：供给少而浓的混合气体（α=0.6 ～ 0.8），以维持最低稳定转速。

结构：怠速油道；怠速油量孔和空气量孔；过渡喷孔；调整螺钉。

（1）工作情况，分 4 个阶段。

第一阶段低怠速时，节气门处在怠速喷口和过渡喷孔之间。

空气量孔的作用：把定量空气渗入怠速油道，促使燃油泡沫化，有利于雾化；降低怠速油道真空度，可加大怠速油量孔的尺寸，以防止堵塞；防止停机时产生虹吸现象，燃油从喷孔自流。

第二阶段高怠速时，两孔同时喷油。

第三阶段联合供油，交接过渡。节气门开度增加，喉管处真空度增加，主供油装置供油，进入小负荷工况，“三孔喷油”。

第四阶段彻底交接，怠速停止供油。

（2）怠速的调整装置。

油量调节螺钉：改变混合气体的成分。

开度调整螺钉：用以调整节气门最小开度和空气量，从而改变怠速的高低。

（3）怠速装置和主供油装置的相互补偿。

怠速装置的油量孔和主供油装置的主量孔串联；怠速喷孔和主喷口并联出油，此即非独立式怠速装置。

当从大负荷、高转速突然减速时，怠速油道真空度产生较大吸力，防止了主喷管瞬时滴油的危害，减少了排污。

当进入中等负荷工况时，喉管真空度较大，对怠速油道有很大的吸引作用，怠速油道中残存的燃油被吸入主喉管，能使过渡喷孔迅速停止供油，防止了壁面附着油的产生，减小了排污。

当节气门开度达 50% 时，额外的空气便从怠速空气量孔、油量孔、怠速喷口、过渡喷孔吸入油井，形成了主供油装置第二空气量孔，加大了渗气量和补偿作用，使混合气体进一步被稀释。此现象称为怠速反流，它将持续到全负荷开度。

怠速反流在中等负荷范围内有利于经济性的提高，但到大负荷后将造成混合气体被稀释，不利于功率的提高，形成“过渡补偿”。

3. 加浓装置（省油装置）

作用：发动机达 80% ～ 85% 以上负荷时，额外供给部分燃油，以得到较浓的混合气体（α=0.8 ～ 0.9），使发动机发出最大功率。

功率加浓和补偿加浓的区别：前者为发出的最大功率，后者为维持的经济性混合气体浓度，防止大负荷时怠速反流和多重喉管。要避免补偿过渡危害，否则，易造成混合气体被过度稀释。

（1）机械式加浓装置。

构造：机械式加浓装置由加浓量孔、加浓阀、推杆、拉杆和摇臂等组成，如图 6-5 所示。

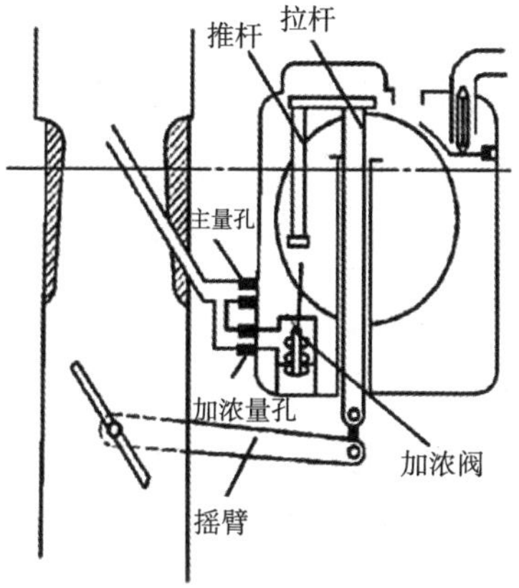

图6–5　机械式加浓装置

工作情况：当发动机未进入大负荷时，加浓阀处于关闭状态；当发动机进入大负荷时，节气门开度达 80% ～ 85%，推杆压开加浓阀。

分析：因为是固定的加浓作用点，参加工作的时间只与节气门开度有关，与发动机转速 n 无关。推杆的长短和加浓阀门安装位置的高低及其密封垫的好坏，直接影响该装置参加工作时间的早晚，对发动机动力性和经济性影响很大。为减轻功率停滞现象，怠速反流和多重喉管造成的补偿过渡问题，可采用带锥度的加浓阀。

（2）真空式加浓装置，分活塞式、膜片式 2 种。

活塞式真空加浓装置构造：钢制活塞上制有环槽，其作用是存污防卡，减少摩擦。

工作情况：中小负荷时，ΔPX 较大，克服活塞质量和弹簧张力，活塞处最高位，加浓阀关闭；大负荷时，ΔPX 较小，活塞向下压开加浓阀。

分析：真空加浓装置起作用的时刻完全取决于节气门后真空度 ΔPX。ΔPX 与节气门开度和发动机转速 n 有关：当 n 一定时，θ 增加，ΔPX 降低，加浓；θ 减小，ΔPX 增加，不加浓。当 θ 一定时，n 增加，ΔPX 增加，不加浓；n 减小，ΔPX 降低，加浓。

如果正确选择了加浓量孔的尺寸，那么它可作为功率加浓之用，也可作为补偿加浓之用。

（3）加浓装置的调整部位。

机械式加浓装置：改变推杆长度。

真空式加浓装置：改变推杆弹簧的张力。

4. 加速装置

作用：当加速行驶或超车时，节气门开度迅速大开，瞬时短期额外供油，防止混合气体瞬时被稀释。

加速装置的性能指标：出油及时并能持续一段时间，1 ～ 3 s。

喷油量适当且应先多后少和快多慢少。

活塞式加速装置的构造：加速泵活塞、活塞杆、加速泵弹簧、出油阀、进油阀；加速量孔和喷管位于大喉管上方；驱动件连动扳、拉杆、摇臂。

工作原理：当节气门关小时，活塞向上运动，出油阀关闭，进油阀开启，燃油进入泵筒；当节气门缓慢开大时，活塞慢慢向下移动，泵筒内油压小，进油阀仍开，燃油又从进油阀流回浮子室，加速泵不起作用；当节气门迅速开大时，活塞急速向下，油压剧增，进油阀关闭，出油阀开启，向化油器额外供油。节气门停止运动后，在弹簧作用下活塞仍可继续下行一段，延长了喷油时间。

总结：喷油量的多少由活塞行程的大小和泵筒的尺寸决定，而出油时间的早晚和持续时间的长短决定了弹簧的张力。

加速装置的调整部位、出油量的调整：活塞式加速装置，可改变节气门轴摇臂连接孔的位置。其连接孔离轴心越远，出油量越多。

供油时间早晚的调整：调整弹簧预紧力。

调整原则：冬季或道路情况不好时，供油量可适当增多。

5. 起动装置

作用：发动机冷态起动时，供给极浓的混合气体（α=0.2 ～ 0.6）。

起动过程：一般包括 2 个。①发动机从静止到连续运转，又称完爆过程。②自连续运转到各部件温度正常的热起过程。

要求：

冷态起动时：阻风门全关，节气门微开。

连续运转后（完爆后）：阻风门微开，节气门不动。

热态起动中：阻风门逐渐全开，节气门关闭。

热态起动时：节气门微开，阻风门半开或全开。

二、汽油箱

（1）作用：贮存汽油。

（2）双阀式油箱盖。为了能自动调节并消除油箱内外压力差的不平衡，设计了带有空气阀和汽油蒸气阀的油箱盖。

三、汽油滤清器

（1）作用：过滤汽油中的杂质和水分，减少汽油泵和化油器等部件的故障。

（2）汽油滤清器有可拆式汽油滤清器和不可拆式汽油滤清器 2 种。

实训流程

一、实训前准备

1. 安全教育

（1）注意机件、器具、设备和人身安全。

（2）未经许可，不得随意乱动实训室内与本实训无关的任何设备、陈列器具等，不得乱动电器开关。

（3）实训室严禁烟火。

（4）严禁在实训室内嬉戏。

2. 工位清理

保持车间整洁干净，及时清扫地面，将工位整理干净，物品摆放整齐。

3. 小组分工

每班分成 4 个组，分 2 个内容进行：2 个组进行实训内容的动手操作，2 个组制订实训操作计划。依次进行轮换，分 2 次完成。

4. 确定设备及工具

准备好实训器具，将工具零件整齐摆放在工具车上，以备使用。

二、操作过程

操作一：化油器的检修与调整

1. 化油器的检修

（1）浮子的检修内容：检查浮子渗漏情况、浮子室进油阀的密封性。

（2）化油器喷管、量孔和油阀的检查：检查量孔的流量、油阀的密封性。

（3）化油器壳体的检查：节气门、阻风门应开闭灵活，节气门门片应平整。

（4）加速泵活塞的检查：检查活塞运动无卡滞，皮碗无破损漏油。

（5）怠速电磁截止阀的检查。

2. 化油器的调整

（1）浮子室油平面高度的调整：在发动机怠速时，通过浮子室油平面高度调整螺钉来进行调整。

（2）怠速的调整：通过怠速混合气体调整螺钉和节气门开度调节螺钉来进行调整。

（3）加浓、加速装置的调整：分别对机械式加浓装置和真空式加浓装置来进行调整。加速装置的调整是改变加速泵活塞的行程，可通过增减垫片和变换推杆销孔位置的方法来进行调整。

（4）主供油装置的调整：调整主量孔的供油量。

操作二：汽油供给装置的维修

1. 汽油滤清器

汽油滤清器要定期进行清洗或更换。

2. 汽油泵的检修

（1）汽油泵摇臂的检修：检查磨损情况。

（2）进油阀、出油阀的检修：检查密封情况。

（3）泵膜及泵膜弹簧的检修：检查膜片有无破裂、硬化变质，弹簧弹力及自由长度是否符合要求。

（4）汽油泵壳体的检修：汽油泵上、下壳体接合面的平面度应≤ 0.10 mm，汽油泵与气缸体接合面的平面度应≤ 0.20 mm。

（5）汽油泵工作性能的检查：检查泵油量和泵油压力。

三、任务检测

1. 应知

（1）化油器的构造。

（2）化油器的工作原理。

2. 应会

（1）在规定时间内完成操作。

（2）应及时纠正操作过程中出现的违规操作。

（3）化油器的检修与调整的操作步骤、方法与要求。

（4）符合安全文明生产的要求。

四、展示成果

各小组派代表展示任务成果，并对成果进行讲解汇报。

五、综合评价

对学生进行综合评价，将评价结果填入实训课堂评价表（表 6–2）。

表6–2　实训课堂评价表

评价人	评价项目				
	职业素养	专业能力	方法能力	社会能力	综合评价
学生自评					
小组互评					
教师点评					
师傅点评					

项目7　汽油机电控燃油喷射系统

任务1　汽油机电控燃油喷射系统的构造和工作原理

实训任务

电控燃油喷射系统常见故障分析与排除。

实训场地

理论与实践一体化汽修专业实训教室。

实训设备

（1）桑塔纳 2000 GLi 轿车 1 辆。

（2）电控燃油喷射系统障碍备查仪 1 台。

（3）常用和专用工具及数字式万用表 1 只。

知识链接

一、汽油喷射系统的发展

20 世纪 30 年代汽油喷射系统用于军用飞机上，1954 年德国奔驰公司在奔驰 300SL 上装了机械式汽油喷射系统（K 型），之后在 K 型的基础上发展了机电组合式汽油喷射系统（KE 型）。20 世纪 60 年代后期，随着电子技术的发展，德国 BOSCH 公司研制出电控燃油喷射系统（EFI）。

二、电控燃油喷射系统的优点

（1）其能提供发动机在各种工况下最合适的混合气体浓度。

（2）用排放物控制系统后，降低了 HC、CO 和 NO_x 等 3 种有害气体的排放。

（3）增大了燃油的喷射压力，雾化比较好。

（4）在不同地区行驶时，发动机控制 ECU 能及时准确地做出补偿。

（5）在汽车加减速行驶的过渡运转阶段，燃油控制系统能迅速做出反应。

（6）具有减速断油的功能，既能降低排放，也能节省燃油。

（7）在进气系统中，由于没有像化油器那样的喉管部位，因而进气阻力小。

（8）发动机起动容易，暖机性能提高。

三、电控燃油喷射系统的类型

（1）按喷射方式分类：同时喷射、分组喷射、顺序喷射。

同时喷射：将各气缸的喷油器并联，所有喷油器由计算机的同一个指令控制，同时喷油，同时断油，如图 7–1 所示。

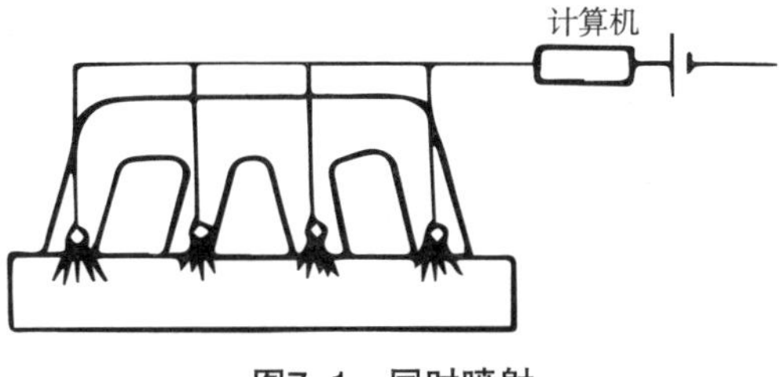

图7–1 同时喷射

分组喷射：将各气缸的喷油器分成几组，同一组喷油器同时喷油或断油，如图 7–2 所示。

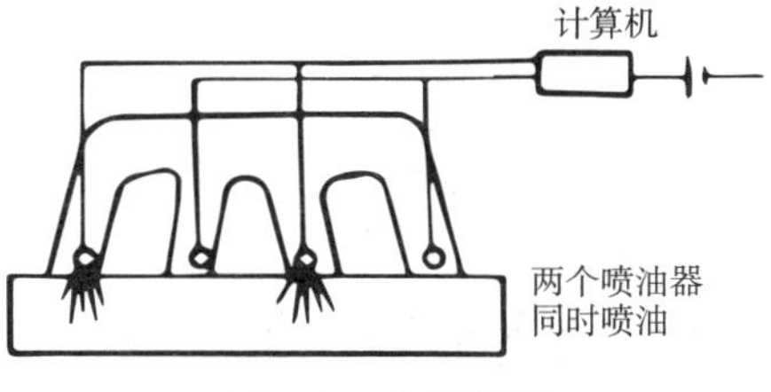

图7–2 分组喷射

顺序喷射：喷油器由计算机分别控制，按发动机各气缸的工作顺序喷油，如图 7–3 所示。

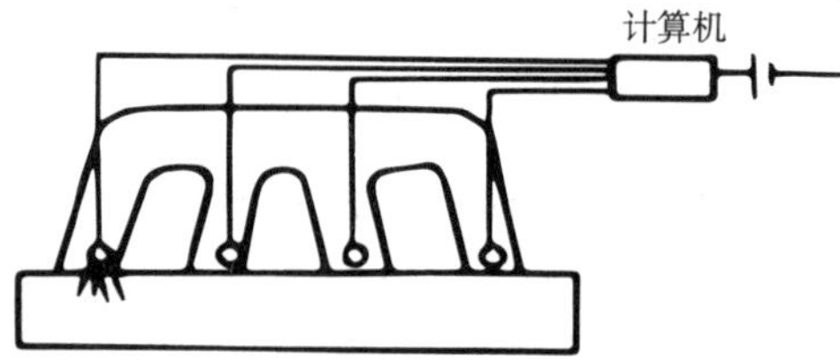

图7–3　顺序喷射

（2）按空气量的计量方式分类：D 型电控燃油喷射系统、L 型电控燃油喷射系统。

D 型电控燃油喷射系统：通过检测进气歧管的真空度和发动机转速来确定发动机的进气量，由发动机控制单元根据进气量确定喷油量。

L 型电控燃油喷射系统：利用空气流量计直接测量发动机的进气量，不必进行电脑推算，可根据空气流量计信号计算与该空气量相应的喷油量，如图 7–4 所示。

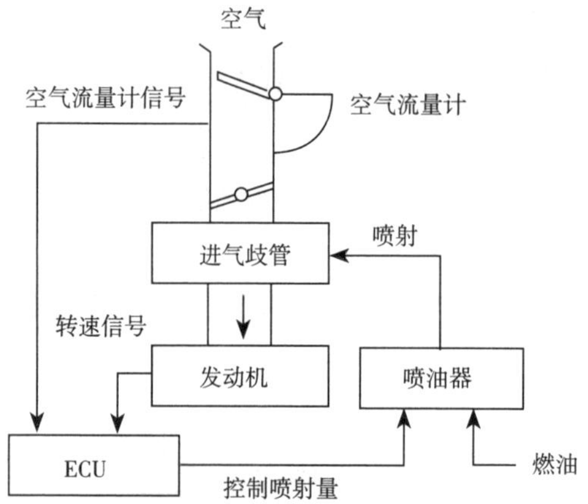

图7–4　L型电控燃油喷射系统

（3）按喷射位置分类：多点喷射系统、单点喷射系统。

多点喷射系统：每缸进气门处装有一个中央喷射装置，由 ECU 控制喷射，如图 7–5 所示。其燃油分配均匀性好，但控制系统复杂、成本高，主要用与中、高级轿车。

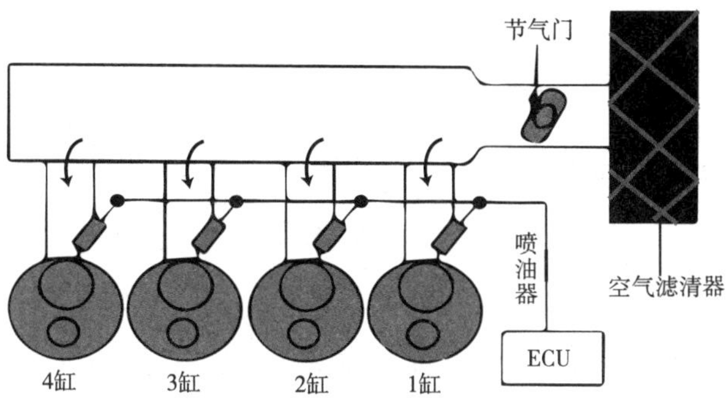

图7–5　多点喷射系统

单点喷射系统：在节气门上方装一个中央喷射装置，由 1 ～ 2 个喷油器集中喷油，如图 7–6 所示。采用顺序喷射方式，结构简单，故障少，维修调整方便，广泛应用于普通轿车和货车。

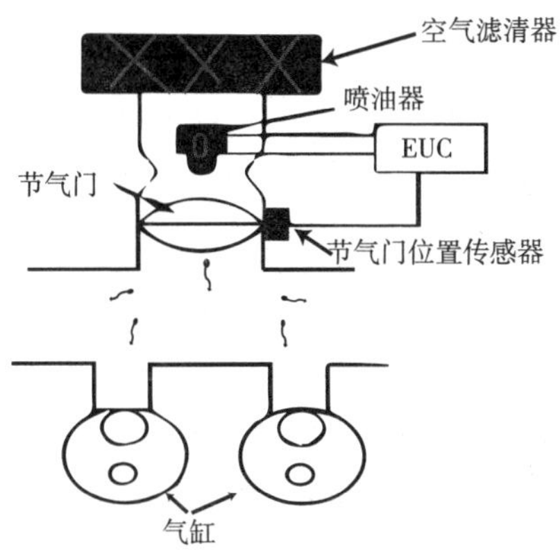

图7–6　单点喷射系统

（4）按有无信号分类：开环控制系统、闭环控制系统。

四、电控燃油喷射系统的功能

电控燃油喷射系统的功能包括喷射正时控制、喷油量的控制、燃油停供控制、燃油泵控制。

五、电控燃油喷射系统的组成与基本原理

电控燃油喷射系统的组成，如图 7–7 所示。

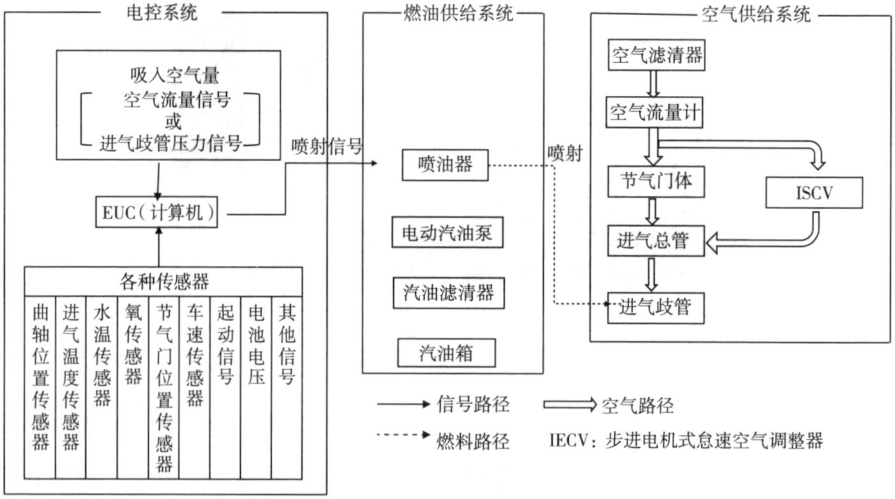

图7–7 电控燃油喷射系统的组成

1. 空气供给系统

空气供给系统的原理如图 7–8 所示。

作用：为发动机提供清洁的空气并控制发动机正常工作时的供气量。

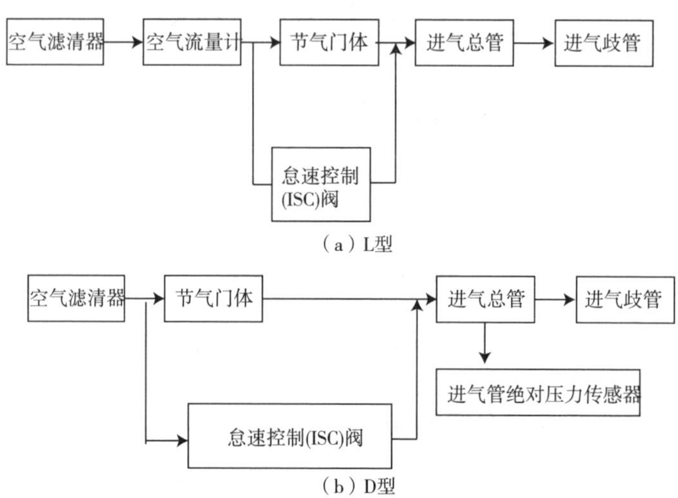

图7–8 L型和D型空气供给系统原理图

2. 燃油供给系统

燃油供给系统的原理如图 7–9 所示。

功用：供给喷油器一定压力的燃油，喷油器则根据计算机指令喷油。

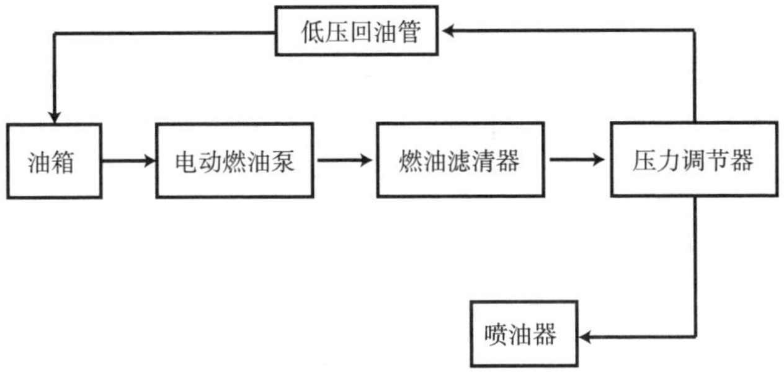

图7–9　燃油供给系统原理图

3. 电控系统

ECU 根据空气流量计信号和发动机转速信号确定基本喷油时间，再根据其他传感器对喷油时间进行修正，并按最后确定的总喷油时间向喷油器发出指令，使喷油器喷油或断油。电控系统的原理如图 7–10 所示。

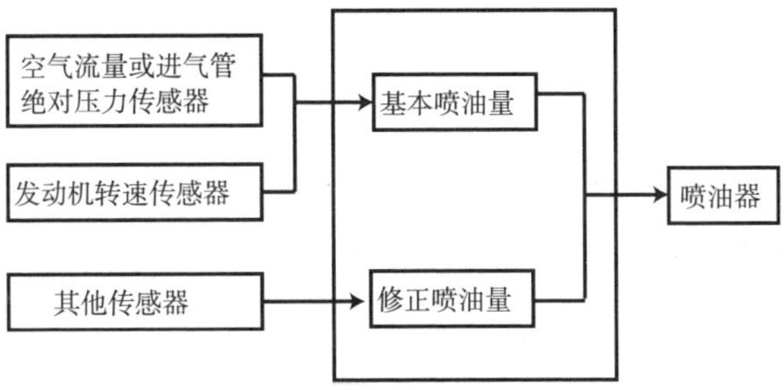

图7–10　电控系统原理图

实训流程

一、实训前准备

1. 安全教育

（1）注意机件、器具、设备和人身安全。

（2）未经许可，不得随意乱动实训室内与本实训无关的任何设备、陈列器具等，不得乱动电器开关。

（3）实训室严禁烟火。

（4）严禁在实训室内嬉戏。

2. 工位清理

保持车间整洁干净，及时清扫地面，将工位整理干净，物品摆放整齐。

3. 小组分工

每班分成 4 个组，分 2 个内容进行：2 个组进行实训内容的动手操作，2 个组制订实训操作计划。依次进行轮换，分 2 次完成。

4. 确定设备及工具

准备好实训器具，将工具零件整齐摆放在工具车上，以备使用。

二、操作过程

操作一：插接件与管道故障问题

如果具有多次重复性的拆卸情况，或者存在长时间的应用，就很容易使得在接头部位出现松动，或者产生插接件老化或者引发接触不良等问题。一旦因不良的因素导致以上各项弊端问题的产生，就会给正常的发动机工作带来较大程度的阻碍性。所以，存在于电路引线部位的相关插接件问题应该予以较高的关注度。

操作二：传感器与调节器故障问题

如果在工作期间，于回位弹簧及真空膜片部位或弹片处产生不良的状况，均可能导致发动机运行出现故障问题。而在发动机不能平稳正常运行的情况下，就会很大程度上影响到传感器的精确性，这也是引发电控系统失控的一项重要因素。同时，作为重要的传感元件构成部分之一，气流传感器如果发生了故障，势必会影响发动机正常的运行，此种故障存在着较高的发生率。检查期间，以上方面都是重点考虑的内容，不容忽视。

操作三：汽油雾化故障问题

在柴油机工作方式中，高压喷油器喷油雾化属于最为常见的一种形式，而且在其中相互协作的一组零部件，可以对于实际的汽车电子燃油喷射系统汽油雾化效果进行直接的影响或者决定。并且其涵盖的内容较多，例如喷油针阀、电磁线圈、吸铁开关，等等。在把受到了电脉冲控制的针阀进行开启的期间，可以将喷油雾化状态进行开启。此种方法密切关联于电控单元功能。一旦产生这种情况，如果具有电磁线圈故障、喷油嘴卡死等问题，就很容易使得汽油产生滴油状现象，进而在很大程度上对于整个系统平稳运行造成不良影响。

三、任务检测

1. 应知

（1）汽油喷射系统的发展、优点及类型。

（2）电控燃油喷射系统的功能、组成及工作原理。

2. 应会

（1）在规定时间内完成操作。

（2）应及时纠正操作过程中出现的违规操作。

（3）电控燃油喷射系统常见故障分析与排除的操作。

（4）符合安全文明生产的要求。

四、展示成果

各小组派代表展示任务成果，并对成果进行讲解汇报。

五、综合评价

对学生进行综合评价，将评价结果填入实训课堂评价表（表 7–1）。

表7–1　实训课堂评价表

评价人	评价项目				
	职业素养	专业能力	方法能力	社会能力	综合评价
学生自评					
小组互评					
教师点评					
师傅点评					

任务2　空气供给系主要元件的构造与检修

实训任务

空气供给系检修操作步骤。

实训场地

理论与实践一体化汽修专业实训教室。

实训设备

（1）桑塔纳 2000 GLi 轿车 1 辆。

（2）电控燃油喷射系统障碍备查仪 1 台。

（3）空气供给系基本元件 4 件。

（4）常用和专用工具及数字式万用表 1 只。

知识链接

一、空气供给系的元件位置

电控燃油喷射发动机空气供给系基本相同，主要组成元件包括空气滤清器、节气门体和进气管。

1. D 型电控燃油空气供给系

D 型电控燃油喷射系统由于没有空气流量计，其进气系统结构简单，应用比较广泛，如图 7–11 所示。

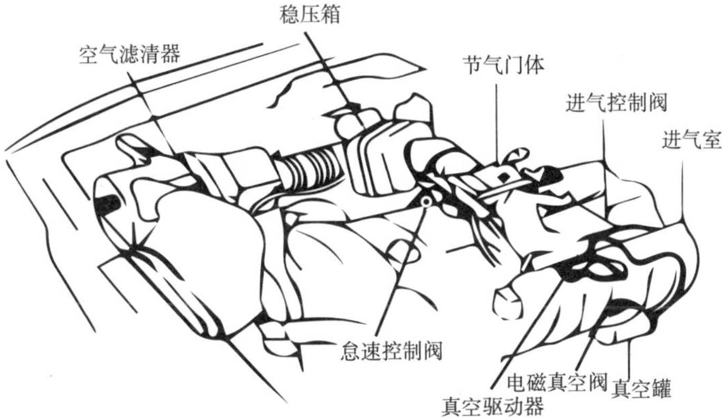

图7–11　D型电控燃油空气供给系

2. L 型电控燃油空气供给系

L 型电控燃油喷射系统对空气量的测量更精确，应用也比较广泛，如图 7–12 所示。

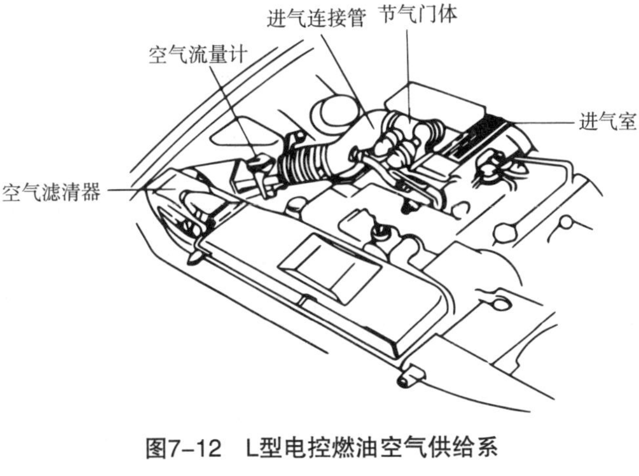

图7–12　L型电控燃油空气供给系

二、空气供给系基本元件的构造

1. 空气滤清器

用于滤除空气中的灰尘，一般都为纸质滤心。

2. 节气门体

作用：节气门体安装在进气管中，来控制发动机正常工况下的进气量。

组成：主要由节气门和怠速空气道等组成，如图 7–13 所示。节气门位置传感器装在节气门轴上，用来检测节气门的开度。有的车上还设有副节气门和副节气门位置传感器。

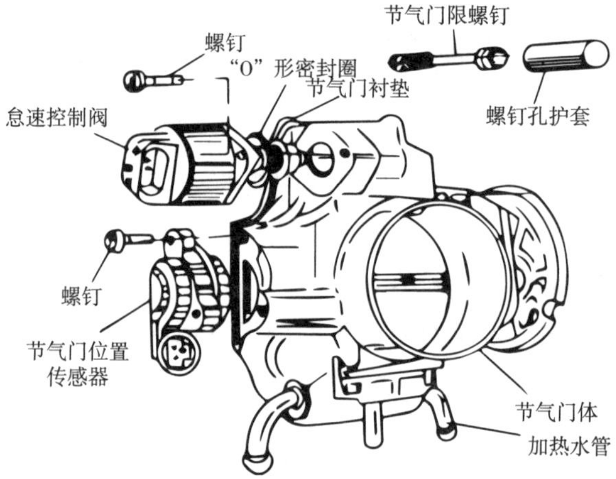

图7–13　D型电控燃油多点喷射系统的节气门体

3. 进气管

在多点电控燃油喷射式发动机上，为了消除进气波动和保证各缸进气均匀，对进气总管和进气歧管的形状、容积都有严格的要求，每个气缸必须有一个单独的进气歧管。有些发动机的进气总管与进气歧管制成一体，有些则是分开制造再用螺栓连接。

实训流程

一、实训前准备

1. 安全教育

（1）注意机件、器具、设备和人身安全。

（2）未经许可，不得随意乱动实训室内与本实训无关的任何设备、陈列器具等，不得乱动电器开关。

（3）实训室严禁烟火。

（4）严禁在实训室内嬉戏。

2. 工位清理

保持车间整洁干净，及时清扫地面，将工位整理干净，物品摆放整齐。

3. 小组分工

每班分成 4 个组，分 2 个内容进行：2 个组进行实训内容的动手操作，2 个组制订实训操作计划。依次进行轮换，分 2 次完成。

4. 确定设备及工具

准备好实训器具，将工具零件整齐摆放在工具车上，以备使用。

二、操作过程

操作一：空气供给系的检修

（1）检查空气滤清器滤芯是否脏污，必要时，用压缩空气吹净或更换。

（2）进气系统漏气对电控燃油喷射式发动机的影响比对化油器式发动机的影响大，各连接部位应连接可靠，密封垫应完好。

（3）检查节气门内腔的积垢和积胶情况，必要时用清洗剂进行清洗。注意，绝对不能用砂纸和刀片清理积垢和积胶。

三、任务检测

1. 应知

空气供给系的元件位置、构造。

2. 应会

（1）在规定时间内完成操作。

（2）应及时纠正操作过程中出现的违规操作。

（3）空气供给系统检修操作步骤。

（4）符合安全文明生产的要求。

四、展示成果

各小组派代表展示任务成果，并对成果进行讲解汇报。

五、综合评价

对学生进行综合评价，将评价结果填入实训课堂评价表（表 7–2）。

表7–2　实训课堂评价表

评价人	评价项目				
	职业素养	专业能力	方法能力	社会能力	综合评价
学生自评					
小组互评					
教师点评					
师傅点评					

任务3　燃油供给系主要元件的构造与维修

实训任务

燃油供给系的元件故障分析与排除。

实训场地

理论与实践一体化汽修专业实训教室。

实训设备

（1）桑塔纳 2000 GLi 轿车 1 辆。

（2）电控燃油喷射系统障碍备查仪 1 台。

（3）燃油供给系基本元件 4 个。

（4）常用和专用工具及数字式万用表 1 只。

知识链接

一、燃油供给系的元件位置

燃油供给系由电动燃油泵、燃油滤清器、燃油压力调节器、脉动阻尼器及油管组成，其元件位置如图 7–14 所示。

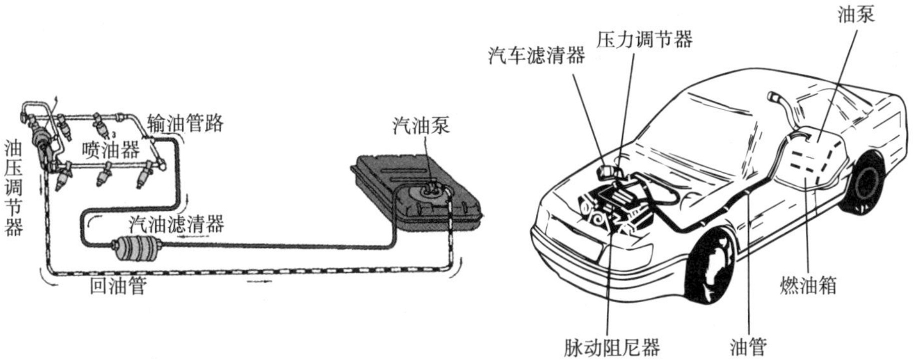

图7–14　燃油供给系的元件位置示意图

二、电动燃油泵

1. 电动燃油泵的类型

（1）按安装位置不同分为内置式和外置式。

内置式：安装在油箱中，具有噪声小、不易产生气阻、不易泄漏、管路安装简单的特点。

外置式：串接在油箱外部的输油管路中，具有易布置、安装自由大、单噪声大、易产生气阻的特点。

（2）按电动燃油泵的结构不同分为涡轮式、滚柱式、转子式和侧槽式。

2. 电动燃油泵的构造

（1）涡轮式电动燃油泵。

结构：主要由燃油泵电动机、涡轮泵、出油阀、卸压阀组成。

原理：油泵电动机通电时，电动机驱动涡轮泵叶片旋转，由于离心力的作用，使叶轮周围小槽内的叶片贴紧泵壳，将燃油从进油室带往出油室。由于进油室的燃油不断增多，会形成一定的真空度，使燃油从进油口吸入；而出油室的燃油不断增多，导致燃油压力升高，当燃油压力达到一定值时，会顶开出油阀，使燃油从出油口输出。出油阀在油泵不工作时阻止燃油流回油箱，保持油路中有一定的压力，便于下次起动，如图 7–15 所示。

优点：具有泵油量大、泵油压力较高、供油压力稳定、运转噪声小、使用寿命长等优点。此外，由于不需要消声器，所以可以小型化，因此广泛应用在轿车上，如大众捷达、本田雅阁等。

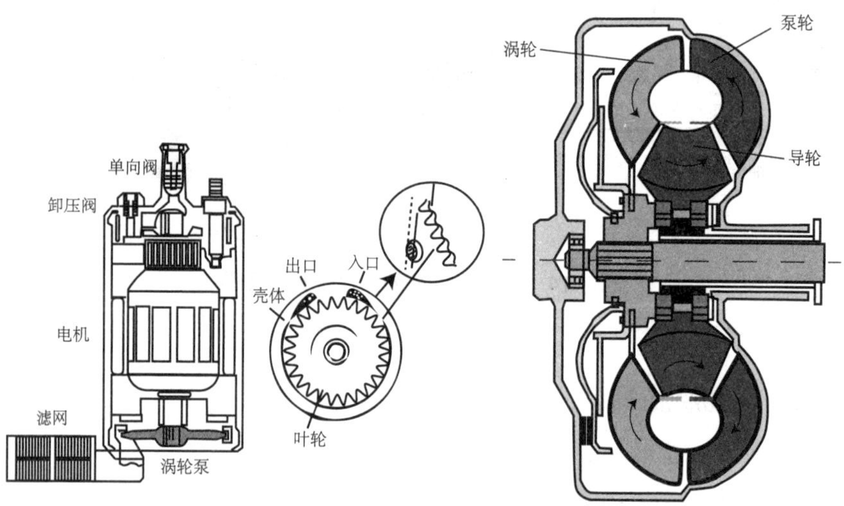

图7–15　涡轮式电动燃油泵工作原理示意图

（2）滚柱式电动燃油泵。

结构：主要由燃油泵电动机、滚柱式燃油泵、出油阀、卸压阀等组成。

原理：当转子旋转时，位于转子槽内的滚柱在离心力的作用下，紧压在泵体内表面上，对周围起密封作用，在相邻两个滚柱之间形成工作腔。在燃油泵运转过程中，工作腔转过出油口后，其容积不断增大，形成一定的真空度，当转到与进油口连通时，将燃油吸入；而吸满燃油的工作腔转过进油口后，容积不断减小，使燃油压力升高，受压燃油流过电动机，从出油口输出，如图 7–16 所示。

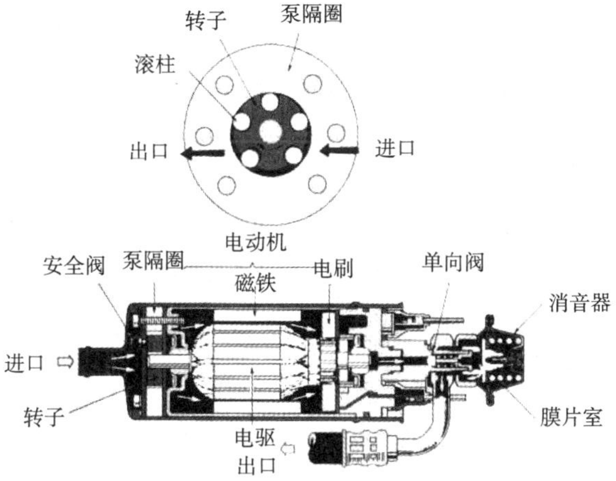

图7–16　滚柱式电动燃油泵工作原理示意图

3. 电动燃油泵的控制

（1）ECU 控制的燃油泵控制电路。

该电路主要应用在装用 D 型 EFI，以及装用热式和卡门旋涡式空气流量计的 L 型 EFI 系统中。

控制原理：燃油泵控制 ECU 根据发动机 ECU 端子 FPC 和 DI 的信号，控制 +B 端子与 FP 端子的连通回路，以改变输送给燃油泵电压，从而实现对燃油泵转速的控制，如图 7–17 所示。

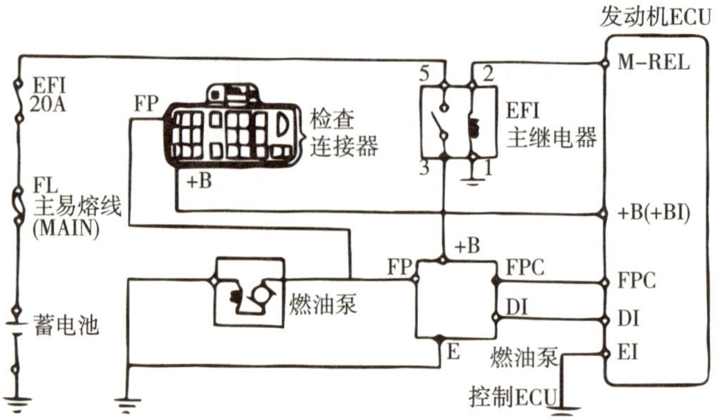

图7-17　电动燃油泵的控制电路示意图

（2）燃油泵开关控制的燃油泵控制。

该控制主要用于装用叶片式空气流量计的 L 型 EFI 系统中。

控制原理：当点火开关 ST 端子接通时，起动机继电器线圈通电使触电闭合，此时开路继电器中 L1 线圈通电使其触电闭合，从而通过主继电器、开路继电器向燃油泵供电，油泵工作；发动机正常运转时，点火开关 IG 端子与电源接通，同时空气流量计测量板转动使油泵开关闭合，开路继电器 L2 通电，使开路继电器触电保持闭合，油泵继续工作。发动机停转时，L1 和 L2 线圈不通电，燃油泵停止工作，如图 7-18 所示。

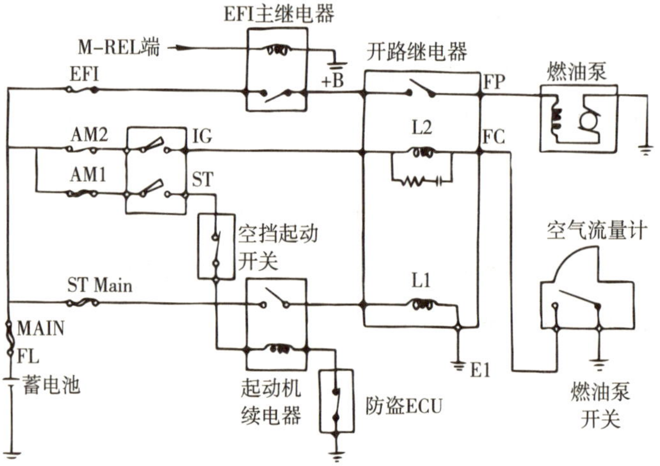

图7-18　燃油泵开关控制的燃油泵控制电路示意图

（3）燃油泵继电器控制的燃油泵控制电路。

此控制电路根据发动机转速和负荷的变化，通过燃油泵继电器改变油泵的供电线路，从而控制油泵的工作转速，如图 7–19 所示。

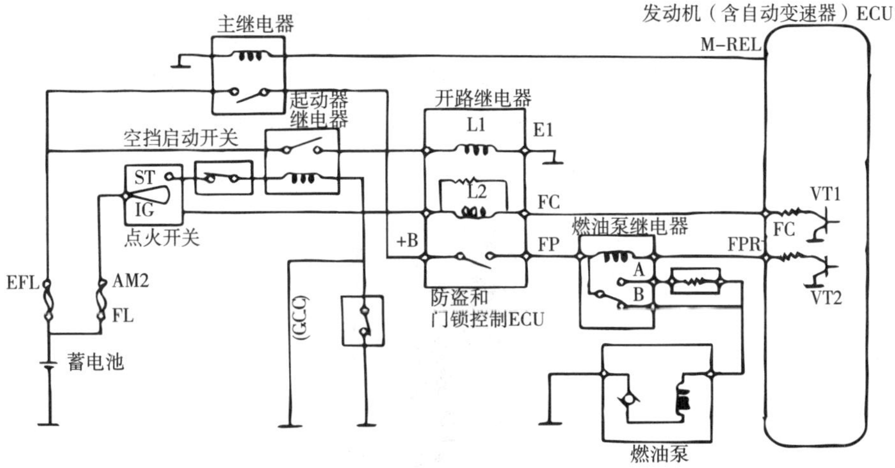

图7–19　燃油泵继电器控制的燃油泵控制电路示意图

（4）燃油滤清器，如图 7–20 所示。

作用：滤清燃油中的杂质和水分，防止燃油系统堵塞，减小机件磨损，保证发动机正常工作。

一般采用纸质滤心，每行驶 20 000 ～ 40 000 km 或 1 ～ 2 年应更换，安装时应注意燃油流动方向的箭头，不能装反。

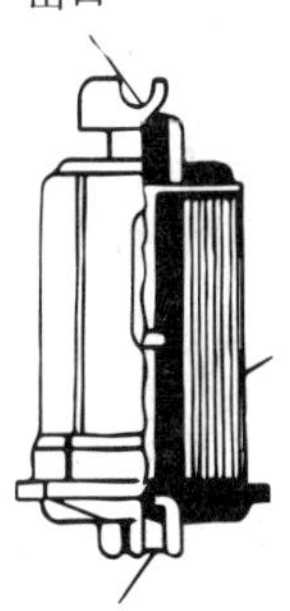

图7–20　燃油滤清器

三、脉动阻尼器

作用：减小在喷油器喷油时，油路中的油压可产生的微小波动，使系统压力保持稳定。

组成：由膜片、膜片弹簧、阀片和外壳组成，如图 7–21 所示。

原理：发动机工作时，燃油经过脉动阻尼器膜片下方进入输油管。当燃油压力产生脉动时，膜片弹簧被压缩或伸张，膜片下方的容积随之增大或减小，从而起到稳定燃油系统压力的作用。

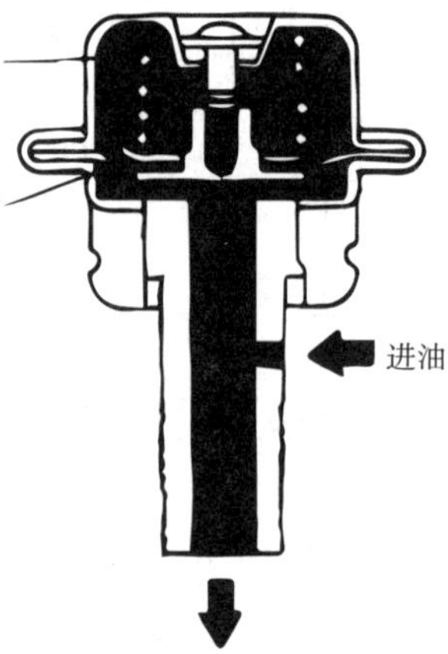

图7–21　脉动阻尼器

四、燃油压力调节器

作用：稳定燃油管的压力，使它与进气歧管之间的压力差保持恒定的 250～300 kPa。

组成：主要由阀片、膜片、压力调节弹簧和外壳组成，如图 7–22 所示。

原理：发动机工作时，燃油压力调节器膜片上方承受的压力为弹簧压力和进气管内气体的压力之和，膜片下方承受的压力为燃油压力，当两个压力相等时，膜片处于平衡位置，不动。当进气管内气体压力下降时，膜片向上移动，回油阀开度增大，回油量增多，使输油管内燃油压力也下降；反之，当进气管内气体压力升高时，燃油的压力也升高。

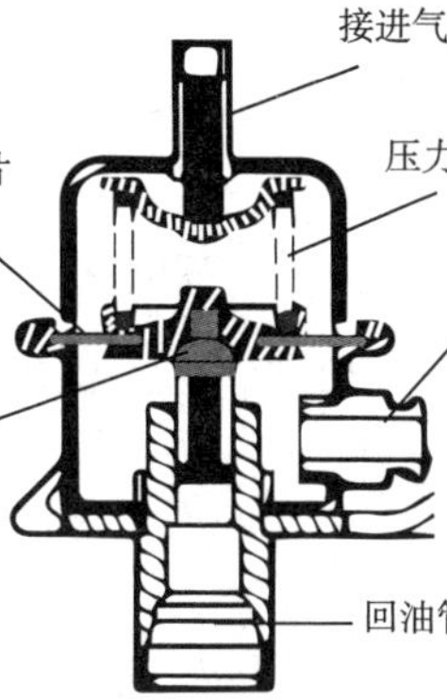

图7-22　燃油压力调节器

实训流程

一、实训前准备

1. 安全教育

（1）注意机件、器具、设备和人身安全。

（2）未经许可，不得随意乱动实训室内与本实训无关的任何设备、陈列器具等，不得乱动电器开关。

（3）实训室严禁烟火。

（4）严禁在实训室内嬉戏。

2. 工位清理

保持车间整洁干净，及时清扫地面，将工位整理干净，物品摆放整齐。

3. 小组分工

每班分成 4 个组，分 2 个内容进行：2 个组进行实训内容的动手操作，2 个组制订实训操作计划。依次进行轮换，分 2 次完成。

4. 确定设备及工具

准备好实训器具，将工具零件整齐摆放在工具车上，以备使用。

二、操作过程

操作一：燃油泵的就车检查

（1）用专用导线将诊断座上的燃油泵测试端子跨接到 12 V 电源上。

（2）将点火开关转至“ON”位置，但不要起动发动机。

（3）旋开油箱盖能听到燃油泵工作的声音，或用手捏进油软管应感觉有压力。

（4）若听不到燃油泵的工作声音或进油管无压力，应检修或更换燃油泵。

（5）若存在燃油泵不工作的故障，且上述检查正常，应检查燃油泵电路导线、继电器等控制电路有无故障。

操作二：燃油泵的拆装与检测

拆装燃油泵时注意，应释放燃油系统压力，并关闭用电设备。拆下燃油泵后，测量燃油泵两端子之间的电阻，应为 2 ～ 3 Ω。用蓄电池直接给燃油泵通电，应能听到油泵电机高速旋转的声音，注意通电时间不能太长。

操作三：燃油系统的压力释放

防止在拆卸时，因系统内的压力使油喷出，造成人身伤害和火灾。

（1）起动发动机，维持怠速运转。

（2）在发动机运转时，拔下油泵继电器或电动燃油泵电线接线，使发动机熄火。

（3）再使发动机起动 2 ～ 3 次，就可完全释放燃油系统压力。

（4）关闭点火开关，装上油泵继电器或电动燃油泵电源接线。

操作四：燃油系统压力预置

为避免首次起动发动机时，因系统内无压力而导致起动时间过长。

方法一：

通过反复打开和关闭点火开关数次来完成。

方法二：

（1）检查燃油系统元件和油管接头是否安装好。

（2）用专用导线将诊断座上的燃油泵测试端子跨接到 12 V 电源上。

（3）将点火开关转至“ON”位置，使电动燃油泵工作约 10 s。

（4）关闭点火开关，拆下诊断座上的专用导线。

操作五：燃油系统压力测试

（1）检查燃油，释放燃油系统压力。

（2）检查蓄电池，拆下负极电缆。

（3）将专用压力表接在脉动阻尼器位置（对于韩国大宇或通用）或进油管接头处（对于丰田）。

（4）接上负极电缆，起动发动机使其维持怠速运转。

（5）拆下燃油压力调节器上的真空软管，用手堵住进气管一侧，检查燃油压力表显示的压力，多点喷射系统应为 0.25 ～ 0.35 MPa，单点喷射系统应为 0.07 ～ 0.10 MPa。

（6）接上燃油压力调节器上的真空软管，燃油压力表的指示应有所下降（约为 0.05 MPa）。

（7）将发动机熄火，等待 10 min 后观察燃油压力表显示的压力，多点喷射系统应不低于 0.20 MPa，单点喷射系统应不低于 0.05 MPa。

（8）检查完毕后，应释放系统压力，拆下燃油压力表，装复燃油系统。

三、任务检测

1. 应知

（1）燃油供给系的元件位置、组成。

（2）电动燃油泵的类型、构造及工作原理。

（3）燃油供给系其他组件的作用、组成及工作原理。

2. 应会

（1）在规定时间内完成操作。

（2）应及时纠正操作过程中出现的违规操作。

（3）燃油供给系统元件故障分析与排除。

（4）符合安全文明生产的要求。

四、展示成果

各小组派代表展示任务成果，并对成果进行讲解汇报。

五、综合评价

对学生进行综合评价，将评价结果填入实训课堂评价表（表 7–3）。

表7–3　实训课堂评价表

评价人	评价项目				
	职业素养	专业能力	方法能力	社会能力	综合评价
学生自评					
小组互评					
教师点评					
师傅点评					

任务4　控制系统主要元件的构造与检修

实训任务

（1）传感器的电路检测。

（2）喷油器的检修。

实训场地

理论与实践一体化汽修专业实训教室。

实训设备

（1）桑塔纳 2000 GLi 轿车 1 辆。

（2）电控燃油喷射系统障碍备查仪 1 台。

（3）控制系统基本元件若干。

（4）常用和专用工具及数字式万用表 1 只。

知识链接

一、传感器

1. 空气流量计（MAF）

（1）叶片式空气流量计。

结构：空气流量计主要由测量板、补偿板、回位弹簧、电位计、旁通气道组成，此外还包括怠速调整螺钉、油泵开关及进气温度传感器等，如图 7–23。

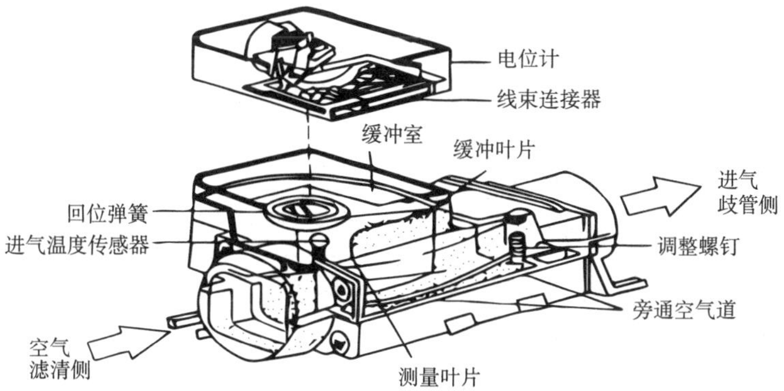

图7–23　空气流量计

原理：来自空气滤清器的空气通过空气流量计时，空气推力使测量板打开一个角度，当吸入空气推开测量板的力与回位弹簧变形后的回位力相平衡时，叶片停止转动。与测量板同轴转动的电位计检测出叶片转动的角度，将进气量转换成电压信号 V_S 送给 ECU，如图 7–24 所示。

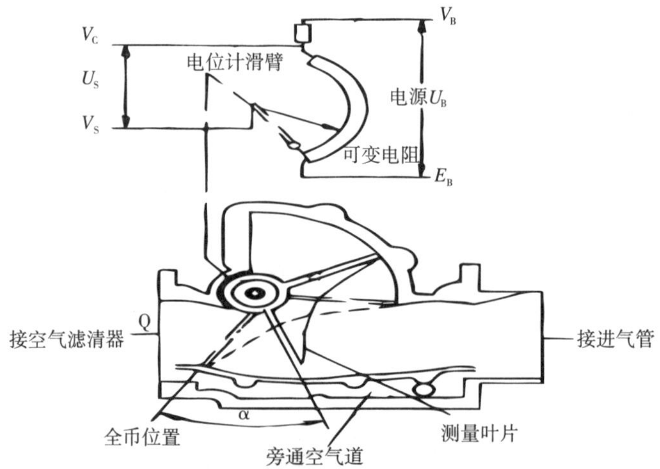

图7-24　叶片式空气流量计工作原理示意图

（2）热式空气流量计。

20 世纪 80 年代后生产的日本公爵轿车和美国福特轿车多数采用热式空气流量计。热式空气流量计的主要元件是热线电阻，可分为热线式和热膜式 2 种类型，其结构和工作原理基本相同。

原理：热线电阻 R_H 以铂丝制成，R_H 和温度补偿电阻 R_K 均置于空气通道中的取气管内，与 R_A、R_B 共同构成桥式电路。R_H、R_K 阻值均随温度变化。当空气流经 R_H 时，使热线温度发生变化，电阻减小或增大，使电桥失去平衡，若要保持电桥平衡，就必须使流经热线电阻的电流改变，以恢复其温度与阻值，精密电阻 R_A 两端的电压也相应变化，并且该电压信号作为热式空气流量计输出的电压信号送往 ECU，如图 7-25 所示。

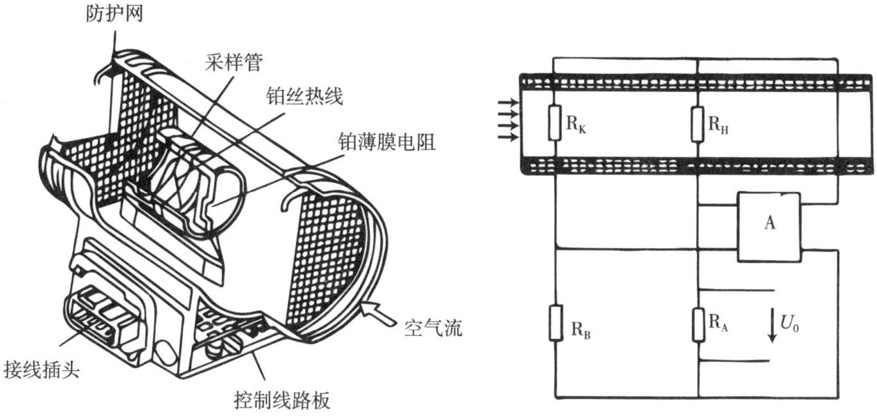

图7–25　热式空气流量计工作原理示意图

（3）光学式卡门旋涡空气流量计。

结构：镜片、发光二极管和光电晶体管组成。

原理：空气流经过发生器时，压力发生变化，经压力导向孔作用在反光镜上，使反光镜发生振动，从而将发光二极管投射的光发射给光电管，对反射光进行检测，如图 7–26 所示。

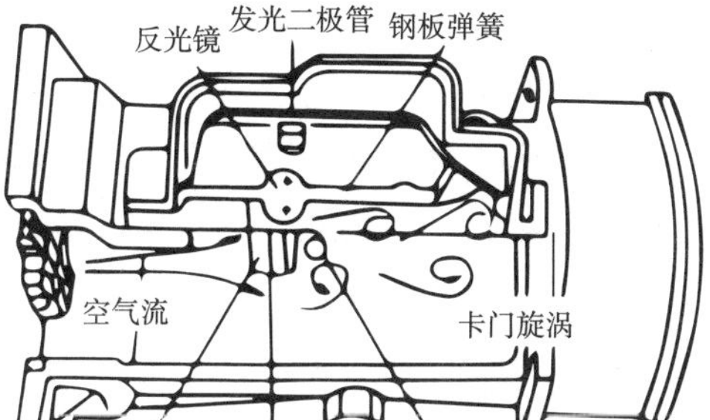

图7–26　光学式卡门旋涡空气流量计工作原理示意图

（4）超声波式卡门旋涡空气流量计。

结构：由超声波信号发生器、超声波发射探头、涡流稳定板、涡流发生器、整流器、超声波接收探头和转换电路组成。

原理：卡门涡旋造成空气密度变化，受其影响，信号发生器发出的超声波到达超声波接收器的时机或变早或变晚，测出其相位差，利用放大器使之形成矩形波，矩形波的脉冲频率为卡门涡旋的频率，如图 7–27 所示。

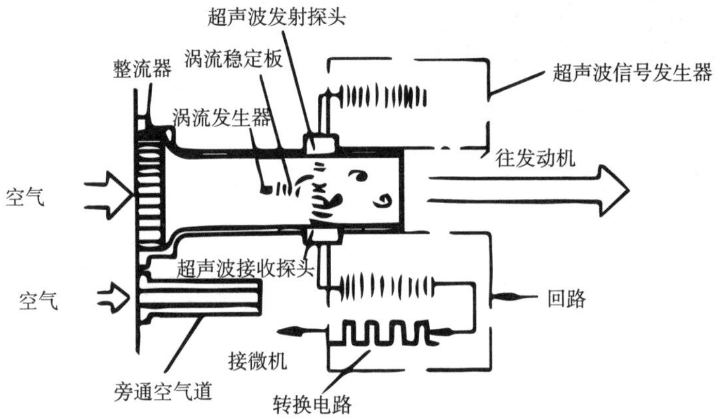

图7–27　超声波式卡门旋涡空气流量计工作原理示意图

检测：点火开关转至“ON”位置，检测 VC 与 E2 间电压应为 5 V，KS 与 E2 间电压应为 2 ～ 4 V。

2. 进气管绝对压力传感器（IMAPS）

在 D 型电控燃油喷射系统中，由进气管绝对压力传感器测量进气管压力，并将信号输入 ECU，作为燃油喷射和点火控制的主控制信号。

（1）压敏电阻式进气管绝对压力传感器：主要由绝对真空室、硅片和 IC 放大电路组成，如图 7–28 所示。

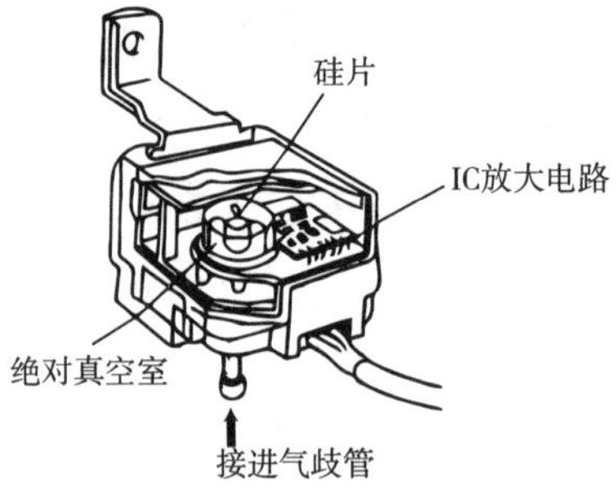

图7–28　进气管绝对压力传感器示意图

（2）电容式进气管绝对压力传感器：位于传感器壳体内腔的弹性膜片用金属制成，弹性膜片上、下 2 个凹玻璃的表面也均有金属涂层，这样便在弹性膜片与 2 个金属涂层之间形成 2 个串联的电容，如图 7–29 所示。

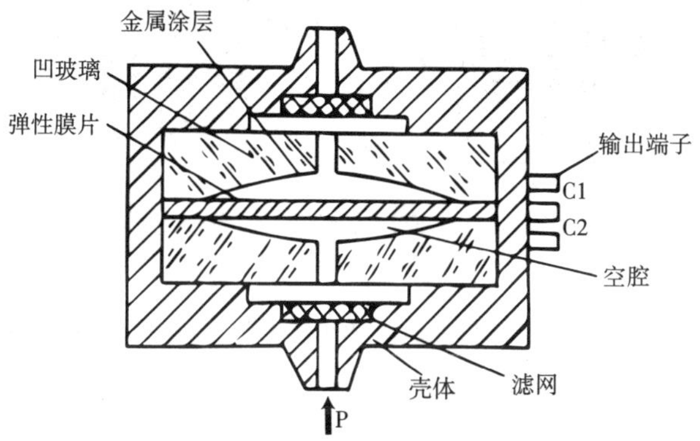

图7–29 电容式进气管绝对压力传感器

（3）进气管绝对压力传感器电路：如图 7–30 所示，为丰田皇冠 3.0 轿车进气管绝对压力传感器电路。ECU 通过 VCC 端子给传感器提供标准为 5 V 的电压，传感器信号经端子 PIM 输送给 ECU。其中，E2 为搭铁端子。

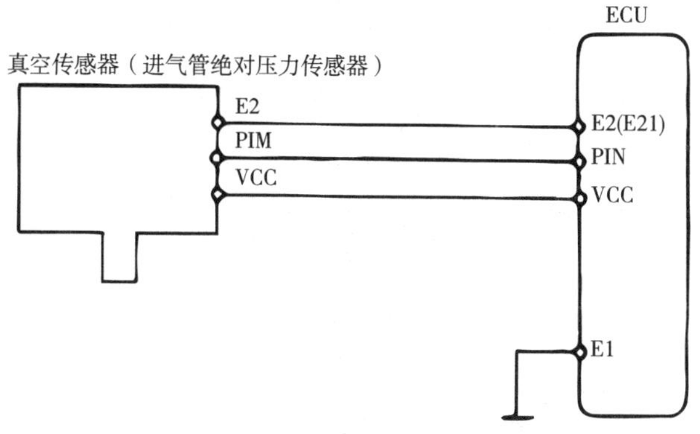

图7–30 进气管绝对压力传感器电路示意图

3. 节气门位置传感器（TPS）

作用：检测节气门的开度及开度变化，此信号输入 ECU，控制燃油喷射及其他辅助控制。

（1）电位计式节气门位置传感器，如图 7–31 所示。

图7–31　电位计式节气门位置传感器

利用触点在电阻体上的滑动来改变电阻值，测得节气门开度的线形输出电压，可知节气门开度。全关时电压应约为 0.5 V，随节气门开度增大，信号电压增强，全开时电压约为 5 V。

（2）触点式节气门位置传感器：由滑动触点和 2 个固定触点（功率触点和怠速触点）组成，如图 7–32 所示。

节气门全关闭时，可动触点与怠速触点闭合；当节气门开度达 50° 以上时，可动触点与怠速触点接触，以检测节气门开度状态。

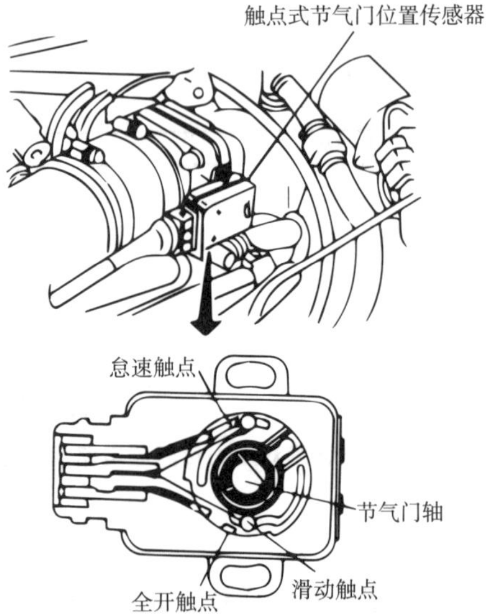

图7–32　触点式节气门位置传感器

（3）综合式节气门位置传感器：由一个电位计和一个怠速触点组成，工作原理和前两种相同，如图 7-33 所示。

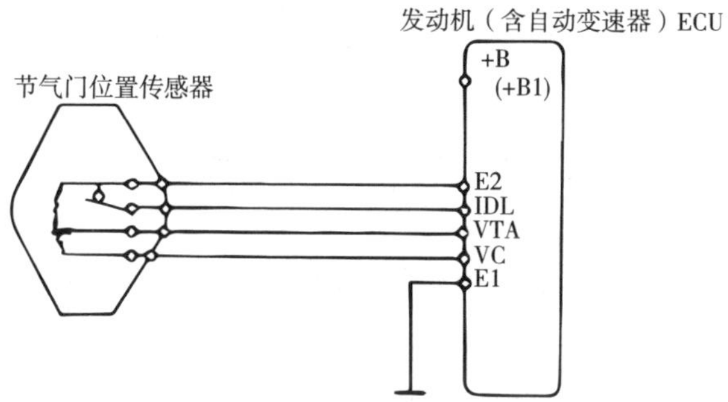

图7-33　综合式节气门位置传感器

4. 进气温度传感器（IATS）

进气温度传感器，如图 7-34 所示。

作用：给 ECU 提供进气温度信号，作为燃油喷射和点火正时控制的修正信号。

图7-34　进气温度传感器

D 型的安装在空气滤清器或进气管内，L 型的安装在空气流量计内。

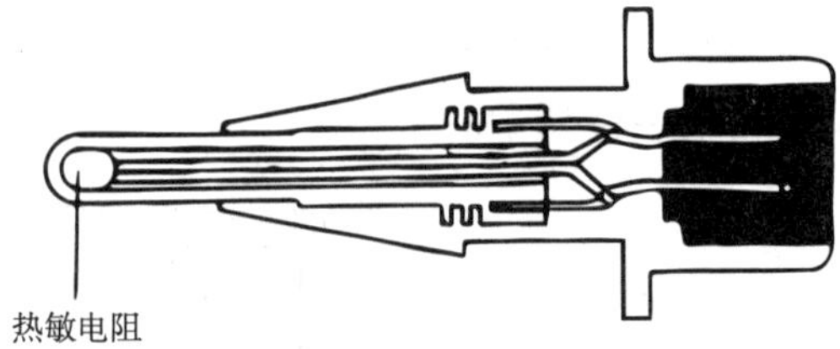

图7-35　进气温度传感器构造

在 ECU 中有一标准电阻与传感器的热敏电阻串联，如图 7-35 所示，并由 ECU 提供标准电压，E2 端子通过 E1 端子搭铁。当热敏电阻随进气温度变化时，ECU 通过 THA 端子测得的分压值随之变化，ECU 根据此分压值判断进气温度，如图 7-36 所示。

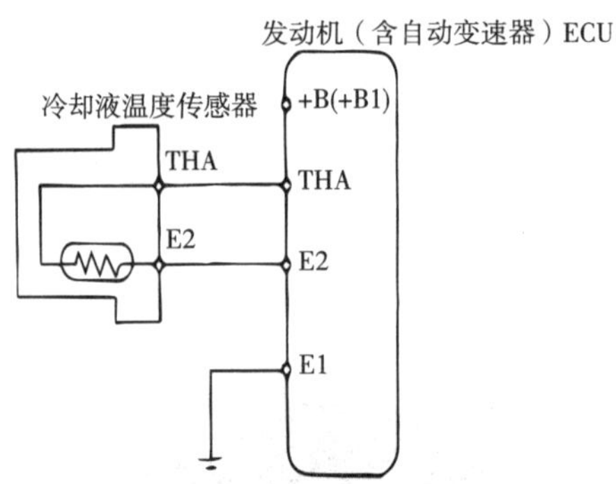

图7-36　冷却液温度传感器电路示意图

5. 冷却液温度传感器（ECTS）

冷却液温度传感器如图 7-37 所示。

作用：给 ECU 提供发动机冷却液温度信号，作为燃油喷射和点火正时控制修正信号。

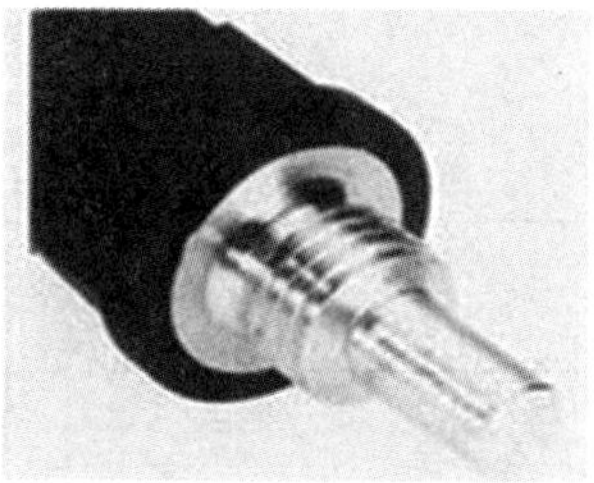

图7–37　冷却液温度传感器

一般安装在气缸体水道上或冷却液出口处，其工作原理与进气温度传感器相同。

6. 凸轮轴 / 曲轴位置传感器（CPS）

凸轮轴位置传感器：给 ECU 提供曲轴转角基准位置（1 缸压缩上止点）信号，作为燃油喷射控制和点火控制的主控信号。

曲轴位置传感器：检测曲轴转角位移，给 ECU 提供发动机转速信号和曲轴转角信号，作为燃油喷射和点火控制的主控信号。

（1）电磁式凸轮轴 / 曲轴位置传感器。

组成：上部分为凸轮轴位置传感器，由带一个凸齿的 G 转子和两个感应线圈 G1 和 G2 组成；下部分为曲轴位置传感器，由一个带 24 个凸齿的 Ne 转子和一个 Ne 感应线圈组成，如图 7–38 所示。

原理：利用电磁线圈产生的脉冲信号来确定发动机转速和各缸的工作位置，如图 7–39 所示。

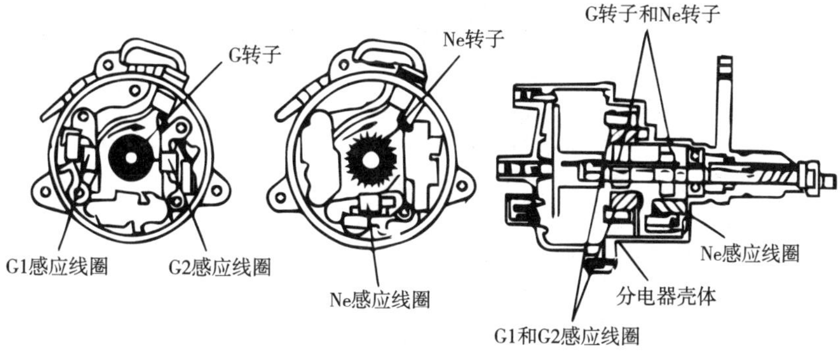

图7–38　电磁式凸轮轴/曲轴位置传感器

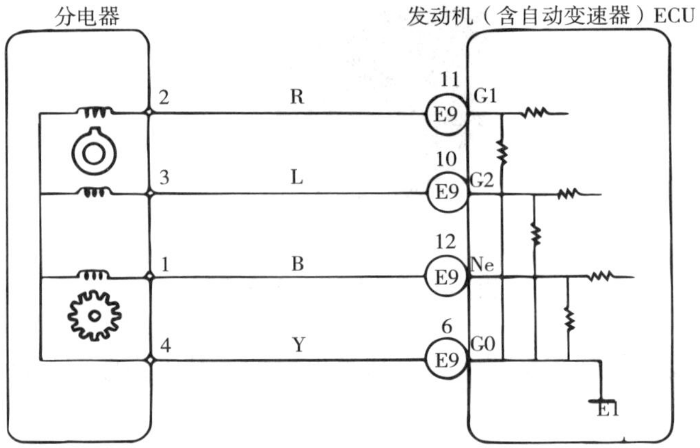

图7-39　电磁式凸轮轴/曲轴位置传感器工作原理示意图

检测：检查感应线圈的电阻，冷态下的G1和G2感应线圈电阻应为125 ~ 200 Ω，Ne感应线圈电阻应为155 ~ 250 Ω。

（2）霍尔式凸轮轴 / 曲轴位置传感器。

组成：由转子、永久磁铁、霍尔晶体管和放大器组成，如图 7-40 所示。

原理：ECU通过电源使电流通过霍尔晶体管，旋转转子的凸齿经过磁场时使磁场强度改变，霍尔晶体管产生的霍尔电压放大后输送给ECU，ECU根据霍尔电压产生的次数来确定曲轴转角和发动机转速，如图 7-41 所示。

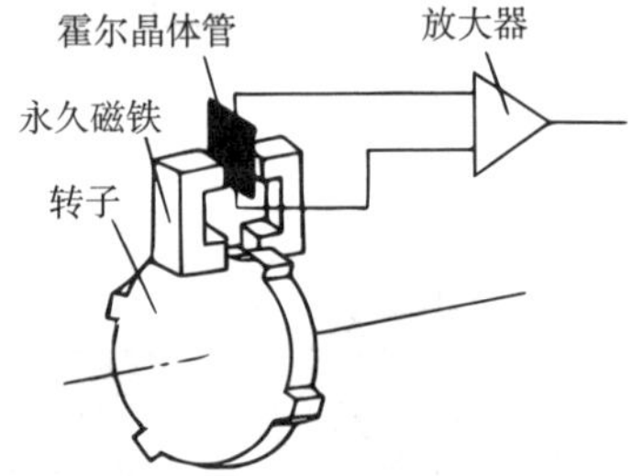

图7-40　霍尔式凸轮轴/曲轴位置传感器

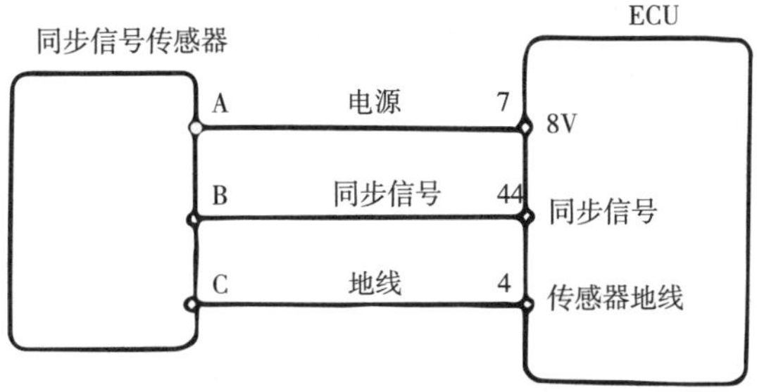

图7-41　霍尔式凸轮轴/曲轴位置传感器电路示意图

检测：点火开关转至“ON”位置，检测 A、C 之间的电压应为 8 V，B、C 之间的电压应为 5 V 到 0 V 交替变化。

（3）光电式凸轮轴 / 曲轴位置传感器。

组成：由转子、发光二极管、光敏二极管和放大器组成，如图 7–42 所示。

原理：利用发光二极管作为信号源。随转子转动，当透光孔与发光二极管对正时，光线照射到光敏二极管上产生电压信号，经放大器放大后输送给 ECU，如图 7–43 所示。

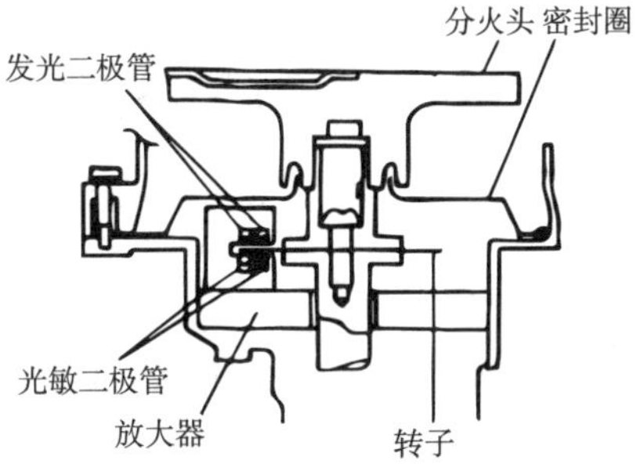

图7-42　光电式凸轮轴/曲轴位置传感器

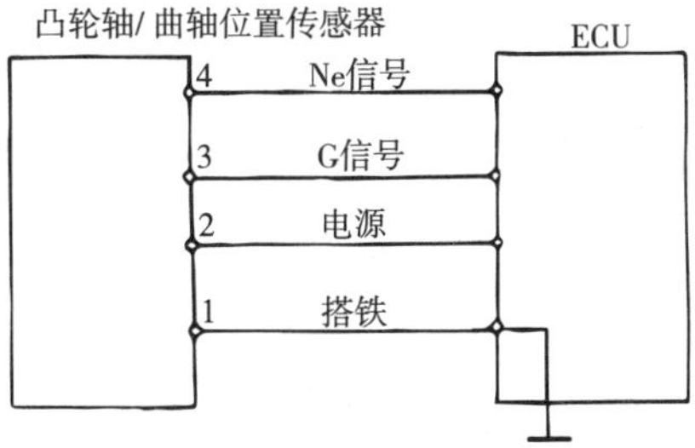

图7-43　光电式凸轮轴/曲轴位置传感器电路示意图

检测：点火开关转至“ON”位置，检测 1 和 2 端子间的电压为 12 V，给传感器施加 12 V 电压，在信号输出端子 3 和 4 与 1 之间接上电流表，转动转子 1 圈，两个电流表应分别摆动 1 次和 4 次，电流应约为 1 mA。

7. 车速传感器（VSS）

车速传感器，如图 7–44 所示。

作用：检测汽车行驶速度，给 ECU 提供车速信号，用于巡航控制和限速断油控制。

类型：舌簧开关式和光电式。

图7–44 车速传感器

8. 信号开关

常用的有起动开关、空调开关、挡位开关、制动开关、动力转向开关和巡航控制开关等。

二、电控单元

发动机集中系统中使用的 ECU 主要由输入回路、模 / 数转换器（A / D 转换器）、微型计算机（简称微机）和输出回路组成，如图 7–45 所示。

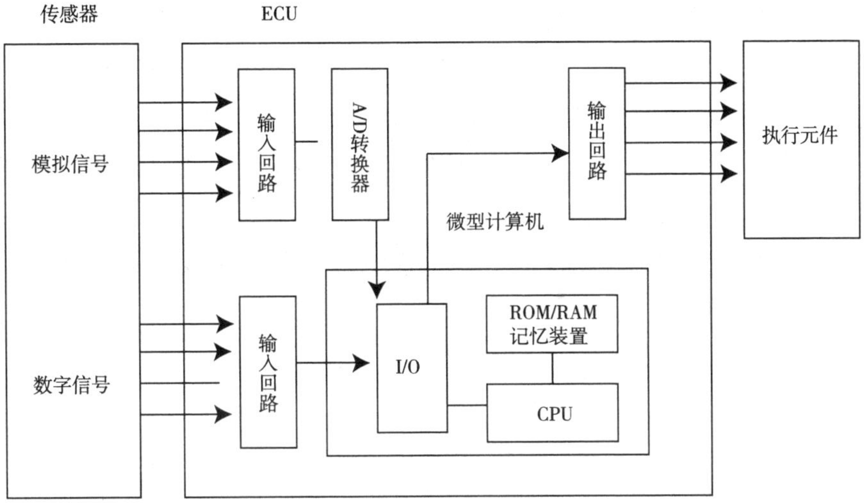

图7–45 电控单元示意图

三、喷油器

1. 喷油器的构造与工作原理

分类:按喷油口的结构不同，喷油器可分为轴针式和孔式 2 种，如图 7–46 所示。

组成: 滤网、线束连接器、电磁线圈、回位弹簧、衔铁和针阀等组成，针阀与衔铁制成一体。

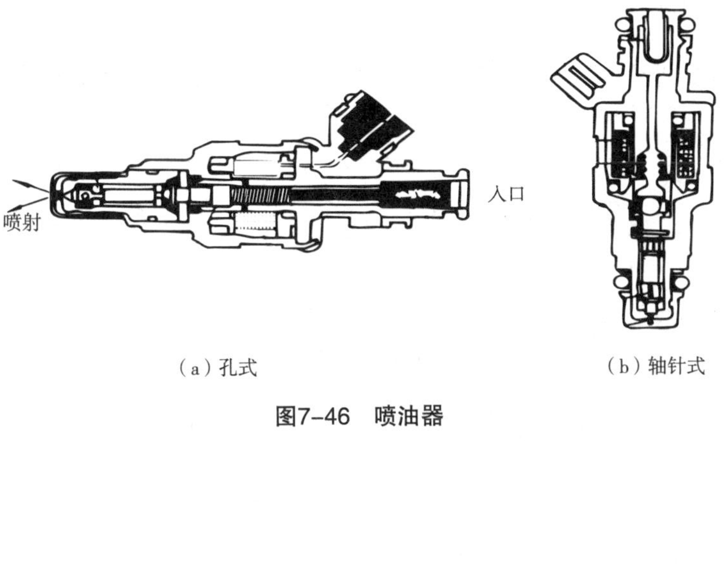

图7–46 喷油器

工作原理：喷油器不喷油时，回位弹簧通过衔铁使针阀紧压在阀座上，防止滴油。当电磁线圈通电时，产生电磁吸力，将衔铁吸起并带动针阀离开阀座，同时回位弹簧被压缩，燃油经过针阀并由轴针与喷口的环隙或喷孔喷出。当电磁线圈断电时，电磁吸力消失，回位弹簧迅速使针阀关闭，喷油器停止喷油。

2. 喷油器的驱动方式

喷油器主要有电流驱动和电压驱动 2 种方式，电压驱动又分为高阻和低阻 2 种方式，如图 7–47 所示。

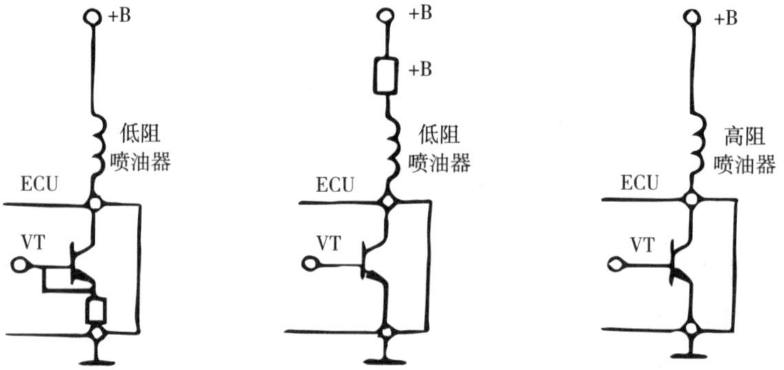

（a）电流驱动　（b）电压驱动（低阻）　（c）电压驱动（高阻）

图7–47　喷油器的驱动方式

3. 喷油器控制电路

各车型喷油器控制电路基本相同，一般都是通过点火开关和主继电器（或熔丝）给喷油器供电，ECU 控制喷油器搭铁。只是不同发动机喷油器的数量、喷射方式、分组方式不同，ECU 控制端子数量不同。

4. 冷起动喷油器及其控制电路

作用：在发动机冷起动时喷油，以加浓混合气体，改善发动机的冷起动性能。

原理：发动机起动时，起动继电器线圈通电，触电闭合使蓄电池电压送至冷起动喷油器，正时开关控制冷起动搭铁回路接通，冷起动喷油器喷油。若冷却液温度较高，正时开关则断开，冷起动喷油器不喷油，如图 7–48、图 7–49 所示。

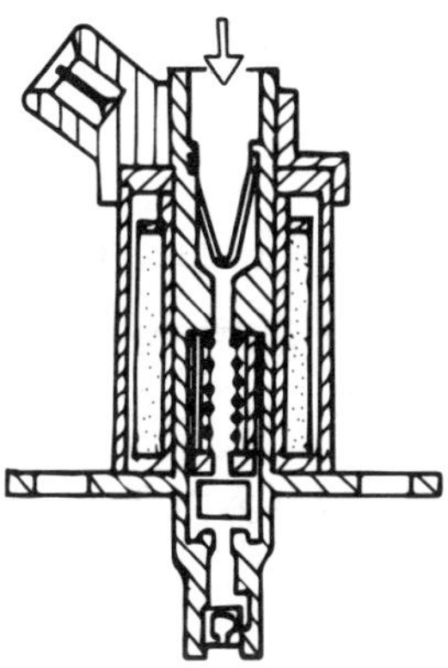

图7-48　冷起动喷油器

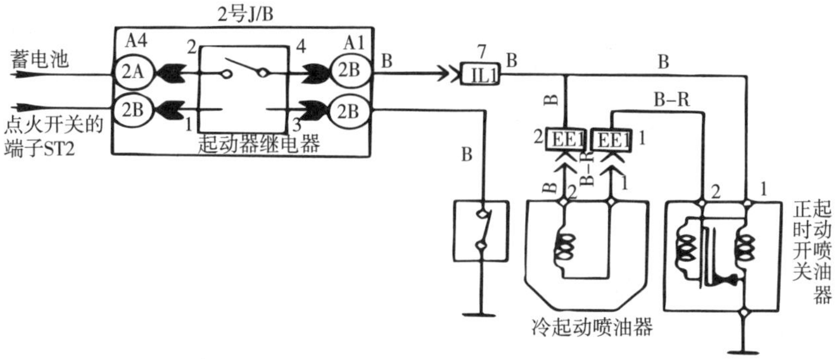

图7-49　冷起动喷油器控制电路示意图

实训流程

一、实训前准备

1. 安全教育

（1）注意机件、器具、设备和人身安全。

（2）未经许可，不得随意乱动实训室内与本实训无关的任何设备、陈列器具等，不得乱动电器开关。

（3）实训室严禁烟火。

（4）严禁在实训室内嬉戏。

2. 工位清理

保持车间整洁干净，及时清扫地面，将工位整理干净，物品摆放整齐。

3. 小组分工

每班分成4个组，分2个内容进行：2个组进行实训内容的动手操作，2个组制订实训操作计划。依次进行轮换，分2次完成。

4. 确定设备及工具

准备好实训器具，将工具零件整齐摆放在工具车上，以备使用。

二、操作过程

操作一：热线式空气流量计电路检测

接通点火开关，不起动发动机，测E与D、E与C之间的电压，此为蓄电池电压。B与C之间的电压，发动机工作时为2～4 V，发动机不工作为1.0～1.5 V；F与D之间的电压，关闭点火开关时，电压应回零并在5 s后有跳跃上升，1 s后再回零，说明自洁信号良好，如图7–50所示。

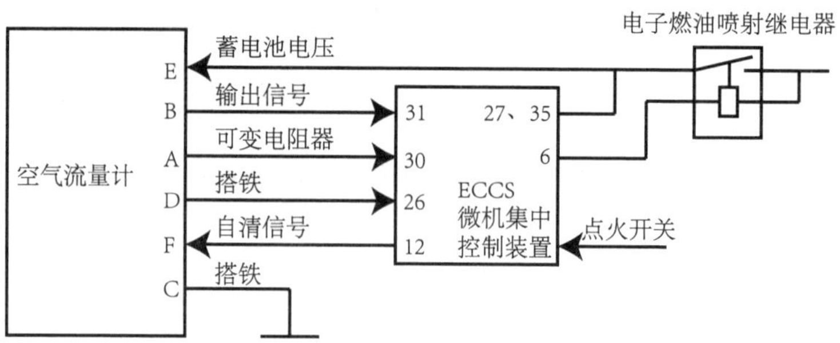

图7–50　热线式空气流量计电路检测

操作二：喷油器的检修

（1）简单检查方法：检查喷油器针阀开启时的振动和声响。

（2）喷油器电阻检查：低阻为2～3 Ω，高阻为13～16 Ω。

（3）喷油器滴漏检查：用专用设备检查，在1 min内喷油器应无滴油现象。

（4）喷油量检查：用专用设备检查，检查 15 s 内的喷油量，喷油量应为 50 ～ 70 mL。

三、任务检测

1. 应知

（1）控制系统元件传感器的种类、结构、工作原理。

（2）控制系统元件喷油器的种类、结构、工作原理。

2. 应会

（1）在规定时间内完成操作。

（2）应及时纠正操作过程中出现的违规操作。

（3）传感器的电路检测、喷油器的检修。

（4）符合安全文明生产的要求。

四、展示成果

各小组派代表展示任务成果，并对成果进行讲解汇报。

五、综合评价

对学生进行综合评价，将评价结果填入实训课堂评价表（表 7–4）。

表7–4　实训课堂评价表

评价人	评价项目				
	职业素养	专业能力	方法能力	社会能力	综合评价
学生自评					
小组互评					
教师点评					
师傅点评					

项目8　柴油机燃料供给系

任务1　燃油供给系的组成

实训任务

柴油机常见故障分析与排除。

实训场地

理论与实践一体化汽修专业实训教室。

实训设备

（1）柴油机 1 台，喷油泵、喷油器总成各 1 个。

（2）常用工具、量具各 1 套。

（3）工作平台、台钳。

（4）其他，如零件盘 / 箱或零件搁架、机油、柴油、清洗用料、油盆、棉纱等若干。

知识链接

一、柴油机的特点

（1）热效率高，经济性好，故障少。

（2）混合气体形成、点火和燃烧方式不同于汽油机。

（3）排气污染小。

（4）结构复杂，质量大，制造成本高。

（5）排气噪声大。

二、柴油机燃料供给系的作用

（1）完成燃料的储存、滤清和输送。

（2）按不同工况要求，定时、定量、定压地将燃油喷入燃烧室。

每一个工作循环内，各气缸均喷油一次，喷油次序与气缸工作顺序一致。根据柴油机负荷的变化自动调节循环供油量，保证柴油机稳定运转。

三、柴油机燃料供给系的组成

柴油机燃油供给系的组成如图 8–1 所示。

燃油供给装置：柴油箱、输油泵、柴油滤清器、喷油泵、喷油器、高压油管、低压油管、回油管等。

空气供给装置：空气滤清器、进气管道。

混合气体形成装置：燃烧室。

废气排出装置：排气管道、消音器。

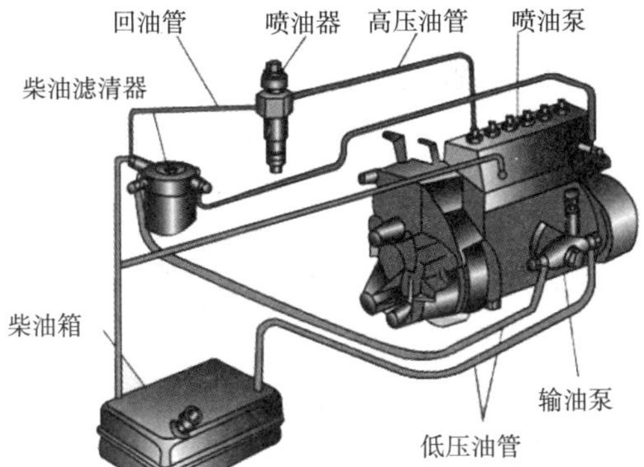

图8–1 柴油机燃料供给系的组成

四、燃油供给路线

燃油供给路线如图 8–2 所示。

低压油路：从油箱到喷油泵入口这一段油路，其油压由输油泵建立，一般为 150 ～ 300 kPa，故称低压油路，主要完成柴油储存、输送和滤清等任务。

高压油路：从喷油泵到喷油器这一段油路，其油压由喷油泵建立，一般在 10 MPa 以上，故称高压油路。柴油供给任务主要由它来完成。

回油油路：由于输油泵供油量是喷油泵出油量的 3 ～ 4 倍，滤清器和喷油泵上都装有溢流阀，使多余燃油经溢流阀和回油管流回输油泵进口或直接流回油箱。

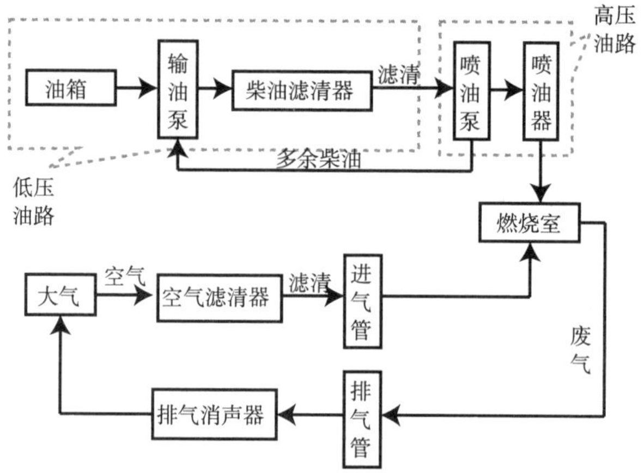

图8–2　燃油供给路线

五、燃烧室分类

（1）统一式燃烧室：又称直接喷射燃烧室。常见结构有 ω 形燃烧室和球形燃烧室。

（2）分隔式燃烧室：由主燃烧室和副燃烧室组成。常见结构有涡流室燃烧室和预燃室燃烧室。

实训流程

一、实训前准备

1. 安全教育

（1）注意机件、器具、设备和人身安全。

（2）未经许可，不得随意乱动实训室内与本实训无关的任何设备、陈列器具等，不得乱动电器开关。

（3）实训室严禁烟火。

（4）严禁在实训室内嬉戏。

2. 工位清理

保持车间整洁干净，及时清扫地面，将工位整理干净，物品摆放整齐。

3. 小组分工

每班分成 4 个组，分 2 个内容进行：2 个组进行实训内容的动手操作，2 个组制订实训操作计划。依次进行轮换，分 2 次完成。

4. 确定设备及工具

准备好实训器具，将工具零件整齐摆放在工具车上，以备使用。

二、操作过程

操作一：发动机难起动的故障诊断与排除

1. 燃油供给系堵塞造成的发动机难起动的故障诊断与排除

发动机起动时，无着车迹象，排气管不排烟，说明柴油没有进入气缸。若松开喷油泵放气螺钉，扳动手油泵，放气螺钉无油流出，可能是油箱存油不足、油箱开关尚未打开、油箱盖空气孔堵塞等，应一一加以排除。若用手拉手油泵拉钮时，明显感到有吸力，松开手后又自行回位，则是油箱至输油泵的油路堵塞；若拉出手油泵拉钮时感觉正常，但压下去比较费力，则是输油泵至喷油泵的油路堵塞。造成油路堵塞的主要原因包括油箱滤网脏、柴油滤清器滤芯严重脏污，应及时清洗或更换滤网和滤芯。还有柴油牌号选用不当的情况。冬季使用夏季用油，柴油冷凝后析出石蜡造成油路堵塞；柴油中有水，易凝结或结冰而堵塞油管。若放气螺钉处流出的柴油中夹有水珠，则是油中有水，将滤清器与油箱的放气螺钉旋出，放净沉淀物和积盘的水。松开喷油泵放气螺钉，扳动手油泵，放气螺钉处出油正常，但各缸喷油器无油喷出，则是喷油器喷孔被积炭堵塞，应清理喷孔积炭或更换喷孔。

2. 燃油供给系泄漏造成的发动机难起动的故障诊断与排除

若松开喷油泵放气螺钉，扳动手油泵，放气螺钉处流出泡沫状柴油，并且长时间扳动手油泵也是如此，则是油箱至输油泵之间的管路漏气、油管有破裂、油管接头松动或油箱内油管断裂等造成的，应及时修补、紧固或更换油管。若发动机起动时排气管排出大量白烟，用手接近排气管消声器出口处，发现手上有水珠，则是有水进入燃烧室。在起动发动机时观察到散热器上部有气泡冒出，则是气缸垫损坏、气缸盖螺栓松动、气缸盖与气缸体破裂等，造成水漏进机油，应及时更换气缸垫、紧固螺栓，焊补气缸盖和气缸体破裂处。

3. 燃油供给系机件损坏造成的发动机难起动的故障诊断与排除

供油拉杆处于不供油位置，是加速踏板拉杆、供油拉杆或调速器卡滞造成的。造成的喷油泵供油正时不准确、喷油器不喷油或喷油雾化不良亦可造成发动机难起动。喷油泵出油阀密封不严，可拆下高压油管，用手油泵泵油，若出油阀溢油，是出油阀密封不良、出油阀紧帽松动、出油阀密封垫冲溃等问题导致的，应按规定的旋紧力矩拧紧，更换密封垫。喷油泵柱塞偶件咬死、磨损、柱塞弹簧断裂，应及时更换柱塞偶件及弹簧。将喷油器从气缸盖上拆下，接上高压油管，然后起动发动机，观察其喷油情况，若喷油量很小或者不喷油，是喷油嘴偶件磨损造成的，应更换；喷油雾化不良，是喷油嘴座面磨损或烧坏、喷油嘴偶件配合面有脏污、喷孔有脏污或毛刺造成的，应修磨或更换，及时清洗脏物和去除毛刺。

操作二：发动机动力不足的故障诊断与排除

发动机运转均匀、无高速、排气管排气量少，是因为达不到额定供油量而使发动机动力不足。将加速踏板踩到底，然后用手扳动喷油泵油量调节臂，若能向加油方向推动，说明加速踏板拉杆不能使喷油泵达到最大供油量，应加以调整。调整调速器高速限位螺钉和最大供油量限制螺钉使其向增加方向旋进，直到急加速时排气管冒黑烟。若燃油系统吸入空气，是各油管接头松动导致的，应在安装好油管接头后，将油路中空气排除。喷油器的喷油情况可采用断油试验，断油后若发现柴油机转速不变化，将此喷油器拆下并测试调整。

发动机运转不均匀，柴油机排黑烟，是由于各缸供油不均和喷油时间过早、吸入空气量不足、雾化不良等原因引起不完全燃烧造成的，应将空气滤清器脏污滤芯加以清洗或更换滤芯。当某缸断油时，发动机转速降低，黑烟明显减少，说明该缸供油正时不正确，通过调整联轴器或供油提前调整器来改变喷油泵凸轮轴与柴油机曲轴的相对角位置，使各分泵的供给提前角做相同数量的调整，以解决各缸供油不均。通过改变喷油泵滚轮体高度，减少滚轮体高度以达到供油正时。

三、任务检测

1. 应知

柴油机的特点、作用、分类、组成及工作原理。

2. 应会

（1）在规定时间内完成操作。

（2）应及时纠正操作过程中出现的违规操作。

（3）柴油机常见故障分析与排除。

（4）符合安全文明生产的要求。

四、展示成果

各小组派代表展示任务成果，并对成果进行讲解汇报。

五、综合评价

对学生进行综合评价，将评价结果填入实训课堂评价表（表 8–1）。

表8–1　实训课堂评价表

评价人	评价项目				
	职业素养	专业能力	方法能力	社会能力	综合评价
学生自评					
小组互评					
教师点评					
师傅点评					

任务2　供油辅助装置

实训任务

柴油发动机故障诊断与排除。

实训场地

理论与实践一体化汽修专业实训教室。

实训设备

（1）柴油机滤清器、输油泵总成各 1 个。

（2）常用工具、量具各 1 套。

（3）工作平台、台钳。

（4）其他，如零件盘 / 箱或零件搁架、机油、柴油、清洗用料、油盆、棉纱等。

知识链接

一、柴油滤清器

作用：除去柴油中的尘土、水分或其他机械杂质，以及在温度变化和空气的接触过程中从柴油中析出的少量石蜡，以降低对精密偶件的磨损，从而提高功率，降低油耗。

分类：柴油滤清器分为单级滤清器和双级滤清器 2 类。

柴油滤清器的结构：由放油螺塞、限压阀、出油口、盖、进油口、壳体、滤芯、中心杆等组成，如图 8–3 所示。

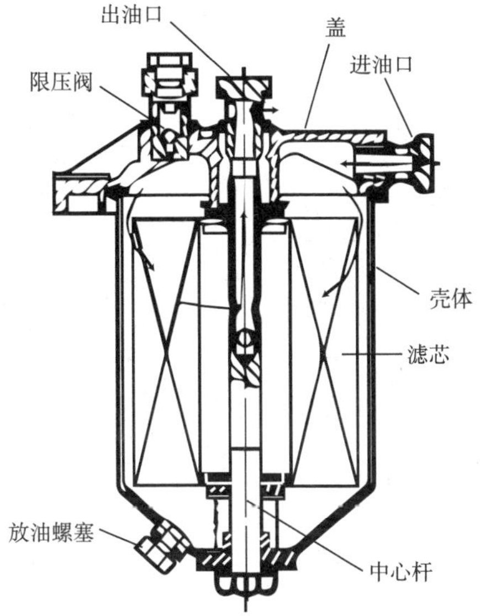

图8–3　柴油滤清器的结构

二、输油泵

作用:保证低压油路中柴油的正常流动，克服柴油滤清器和管路中的阻力，并以一定的压力向喷油泵输送足够量的柴油。输出压力为 0.15 ～ 0.3 MPa，输油量为柴油机全负荷最大耗油量的 3 ～ 4 倍。

结构形式: 输油泵的结构为活塞式。

活塞式输油泵的组成：由泵体、活塞、进油阀、出油阀及手油泵等组成，装在喷油泵体上，由喷油泵凸轮轴上的偏心轮驱动，如图 8–4 所示。

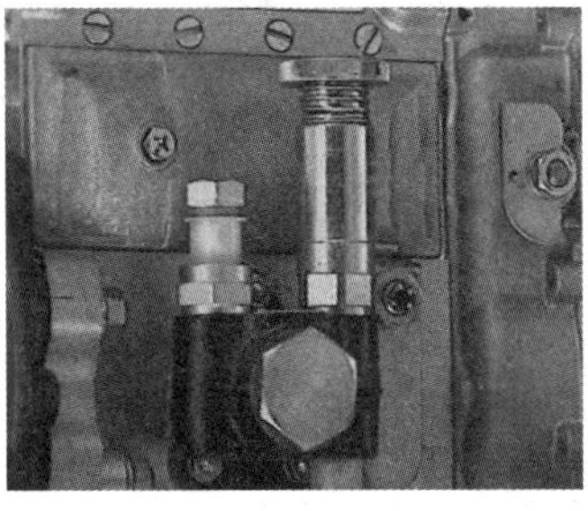

图8–4　活塞式输油泵

活塞式输油泵工作原理，如图 8-5 所示。

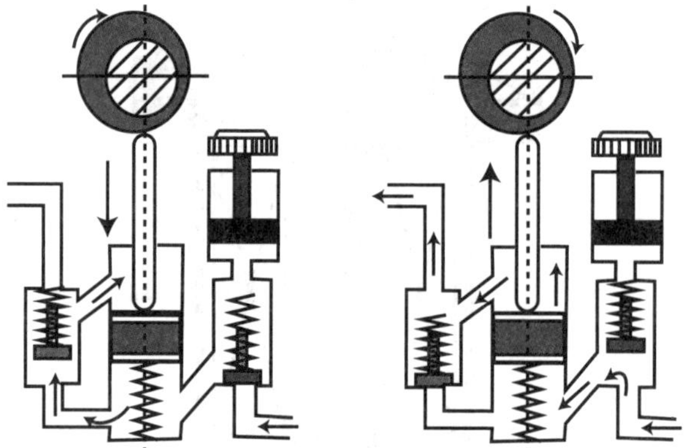

图8-5　活塞式输油泵工作原理示意图

输油泵供油量大于喷油泵需要量时，上泵腔油压增高，与活塞弹簧弹力相平衡时，活塞便停止泵油。用手油泵上下运动来泵油，清除燃油系统内的空气，如图 8-6 所示。

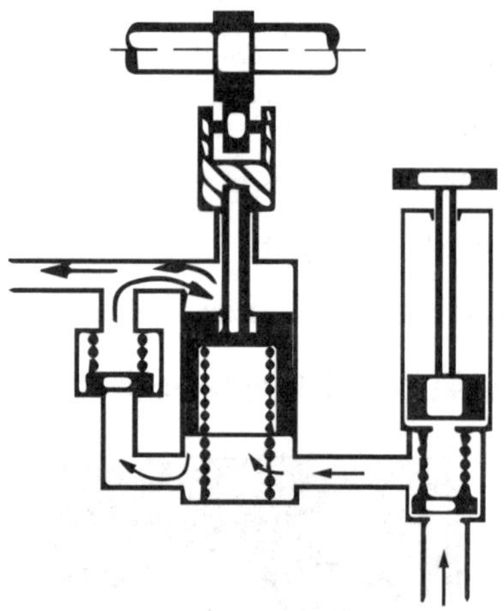

图8-6　活塞式输油泵

实训流程

一、实训前准备

1. 安全教育

（1）注意机件、器具、设备和人身安全。

（2）未经许可，不得随意乱动实训室内与本实训无关的任何设备、陈列器具等，不得乱动电器开关。

（3）实训室严禁烟火。

（4）严禁在实训室内嬉戏。

2. 工位清理

保持车间整洁干净，及时清扫地面，将工位整理干净，物品摆放整齐。

3. 小组分工

每班分成 4 个组，分 2 个内容进行：2 个组进行实训内容的动手操作，2 个组制订实训操作计划。依次进行轮换，分 2 次完成。

4. 确定设备及工具

准备好实训器具，将工具零件整齐摆放在工具车上，以备使用。

二、操作过程

操作一：柴油机工作粗暴的故障诊断与排除

柴油机工作粗暴的故障原因与喷油正时、进气情况和柴油性能等方面有关。

发动机发出的响声均匀，说明各缸工作情况差不多，可采用急加速试验进行检测。急加速时，若响声尖锐，排气管冒黑烟，是喷油时间过早，应调迟；若加速困难，排气管冒白烟，是喷油时间过迟，应调早；若调整后效果不明显，应考虑空气滤清器堵塞，进气通道不畅通。因为柴油机充气不足，会导致燃烧不完全，延长着火后燃期，产生严重的着火敲击声。若进气管畅通，仍有响声，则是柴油牌号选择不当。

发动机发出的响声不均匀，说明各缸工作情况不一致，可采用单缸断油法找出工作不良的气缸。若某缸减油之后发动机响声和排烟消失，则是供油量过大；若减油后发动机响声减弱但不消失，只有断油才完全消失，则是喷油时间过早。供油量过大和喷油时间过早，都可以通过油量调节机构的调节齿杆拉动喷油泵柱塞转动以减少柱塞的有效行程，从而减少供油量；延迟柱塞封柱塞套进油孔的时间，以达到喷油正时。鉴别供油量的大小，还可在发动机工作时，检测各缸排气管的温度，温度高的气缸供油量大；反之，供油量少。

操作二：发动机运转不稳的故障诊断与排除

柴油机出现“游车”，一般是喷油泵和调速器引起的。对于喷油泵机械式调速器，检查供油齿杆移动灵活性。如果不灵活，那是柱塞的转动有阻滞或其他运动件有摩擦阻滞，使供油齿杆灵敏度降低，是调速器机油太脏、过稠引起的，应更换机油。如果供油齿杆移动阻力较大，则应逐一查看出油阀座压紧螺栓拧紧力矩是否过大，泵内是否有水垢或锈蚀的污物引起柱塞生锈后阻滞，齿杆与齿圈啮合处是否嵌有异物，查明后予以排除。如果油量调节拉杆运动自如，“游车”是调速器各部位连接点松动所致，如飞块销孔和座架磨损过大、调速器外壳松动、供油齿杆间隙过大、凸轮轴轴向间隙过大等，则要对调速器进行检修，恢复各活动部位的正常配合间隙。

操作三：发动机超速的故障诊断与排除

柴油机转速失控，急剧上升并超过最高允许转速，会造成“飞车”事故性损坏，甚至发生人员伤亡。若抬起加速踏板，转速随之降低或熄火，则是因机油过稠或调速器总成从凸轮轴上脱落引起的，应更换机油。如果拉出熄火拉钮后，柴油机能熄火，则说明油量调节拉杆和柱塞均卡死，应是调速器与油量拉杆的连接、调速器飞块的脱出、调速器总成与凸轮轴之间松脱等故障。如果拉出熄火拉钮后，柴油机转速继续升高，则说明油量调节拉杆被卡死在供油位置，拆下喷油泵检视窗盖板，用手拨动齿圈和油量调节拉杆，若扳不动，则是油量调节拉杆与泵体座孔或柱塞卡死，需拆下喷油泵调速器总成，在实验台上检修与调试合格后再装机。若供油系良好，应是燃烧室有额外进入的燃油或机油参与燃烧，则应查明窜机油的原因，确定燃烧室机油从何处来，是增压器机油漏入气缸，还是气缸密封性差引起机油上窜，应一一排除。

三、任务检测

1. 应知

（1）柴油滤清器的作用、分类及结构。

（2）输油泵的作用、结构、组成及工作原理。

2. 应会

（1）在规定时间内完成操作。

（2）应及时纠正操作过程中出现的违规操作。

（3）柴油发动机故障诊断与排除。

（4）符合安全文明生产的要求。

四、展示成果

各小组派代表展示任务成果，并对成果进行讲解汇报。

五、综合评价

对学生进行综合评价，将评价结果填入实训课堂评价表（表 8–2）。

表8–2　实训课堂评价表

评价人	评价项目				
	职业素养	专业能力	方法能力	社会能力	综合评价
学生自评					
小组互评					
教师点评					
师傅点评					

任务3 喷油泵

实训任务

喷油泵故障诊断与排除。

实训场地

理论与实践一体化汽修专业实训教室。

实训设备

（1）柴油机 1 台，喷油泵、喷油器总成各 1 个。

（2）常用工具、量具各 1 套。

（3）工作平台、台钳。

（4）其他，如零件盘 / 箱或零件搁架、机油、柴油、清洗用料、油盆、棉纱等若干。

知识链接

一、喷油泵的作用

喷油泵按照发动机的工作顺序、负荷大小，定时、定量、定压地向喷油器输送高压柴油。

二、喷油泵的分类

喷油泵分为柱塞式喷油泵和转子分配式喷油泵（VE）。

三、喷油泵的构造

1. 组成

喷油泵由泵体部分、分泵、油量调节机构、传动机构等组成，如图 8–7 所示。

图8-7　喷油泵

2. 分泵的构造

分泵是每个气缸所对应的一套柱塞副、出油阀副等零件组成的高压泵油机构。

3. 柱塞偶件

柱塞偶件如图 8-8 所示。

（1）结构。

柱塞：直槽、45° 斜槽（两槽相通）。

柱塞套：径向油孔（与低压油腔相通）定位槽。

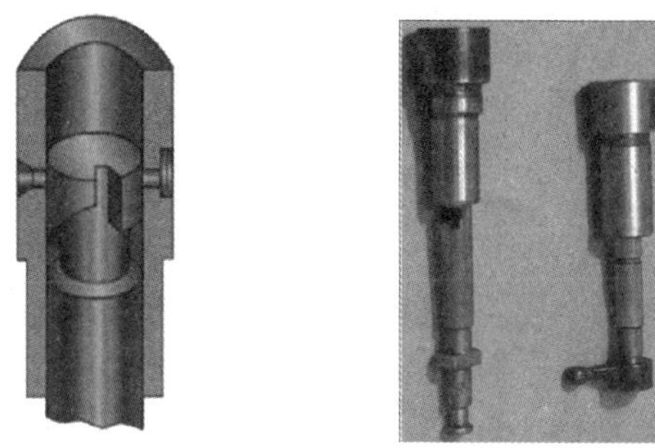

图8-8　柱塞偶件

精密配合偶件：配合间隙 0.001 5 ～ 0.002 5 mm。

要求：成对使用，不能互换，拆装维修时要做好记号。

（2）油量调节。

供油有效行程：柱塞顶面封闭柱塞套径向油孔至柱塞斜槽露出径向油孔前柱塞上移的行程，用 hg 表示。供油有效行程决定了喷油泵循环供油量（Δg）。

调节供油量的方法：转动柱塞—改变 hg—改变 Δg。

停油：直槽对准油孔。

4. 出油阀偶件

防止燃油倒流，保证供油迅速，停油干脆。

5. 油量调节机构的种类

油量调节机构分为拨叉式和齿轮齿条式。

6. 传动机构——驱动柱塞往复运动

传动机构由凸轮轴和滚轮体总成组成。

喷油泵凸轮轴是曲轴通过齿轮驱动的，曲轴转 2 圈，各缸喷油 1 次，凸轮轴只需转 1 圈就喷油 1 次，两者的速比为 2∶1。

实训流程

一、实训前准备

1. 安全教育

（1）注意机件、器具、设备和人身安全。

（2）未经许可，不得随意乱动实训室内与本实训无关的任何设备、陈列器具等，不得乱动电器开关。

（3）实训室严禁烟火。

（4）严禁在实训室内嬉戏。

2. 工位清理

保持车间整洁干净，及时清扫地面，将工位整理干净，物品摆放整齐。

3. 小组分工

每班分成 4 个组，分 2 个内容进行：2 个组进行实训内容的动手操作，2 个组制订实训操作计划。依次进行轮换，分 2 次完成。

4. 确定设备及工具

准备好实训器具，将工具零件整齐摆放在工具车上，以备使用。

二、操作过程

操作一：漏油故障的诊断

1. 喷油泵漏油

如果柱塞与柱塞套间的间隙过大，燃油便会从间隙处向凸轮轴室中漏油，使机油稀释，破坏了喷油泵的润滑条件，加速零件磨损。另外，油管接头处、套筒与壳体间也会产生低压漏油。

2. 出油阀故障引起的喷油嘴滴油

多缸发动机个别缸喷油嘴有滴油故障，可采用替换对比的方法排查，即将“故障缸”喷油嘴安装于“正常缸”喷油泵分泵上，如仍滴油，说明故障在喷油嘴上；如不滴油，说明故障在喷油泵上。为了进一步查明故障，可将该缸喷油泵凸轮轴凸轮转至下止点，使柱塞套进油孔打开，并拧下高压油管，用手压泵供油，因输油泵供油压力低于出油阀开启压力，出油阀紧座应无气泡或柴油溢出。如有柴油溢出，说明出油阀与阀座关闭不严。如果溢出的柴油油流大，说明出油阀卡死在开启位置；如果溢出的柴油油流小，说明减压环带和密封锥面磨损严重。对于Ⅱ号泵，出油阀密封垫圈损坏时，出油阀紧座也会有柴油溢出。为了区别，可将凸轮轴凸轮再转至供油位置，即使柱塞关闭柱塞进油孔、回油孔，用手压泵供油，出油阀紧座仍有柴油溢出，说明故障在出油阀密封垫圈上。高压油管剩余压力并不是越小越好，实践证明，剩余压力过小会产生气蚀，它会缩短高压油管的使用寿命。

操作二：磨损的诊断

在正常磨损情况下，随着使用时间的增加，相对运动的零件其摩擦副磨损是逐渐增大的。如果燃油或机油不洁净或质量不良，其磨损将加剧，甚至于短期内就可使精密副（如柱塞副等）失效。

（1）喷油泵凸轮轴的凸轮磨损，使供油时间延后，供油规律改变。轴承和轴颈磨损，会引起供油拉杆抖动，使柴油机转速不稳，影响供油时间和供油规律。

（2）供油拉杆和衬套孔磨损会使供油拉杆抖动，引起柴油机转速不稳，严重时使调节臂与调节叉脱离，造成柴油机“飞车”。

（3）柱塞头部，停供斜边及柱塞进油孔、回油孔磨损，使供油量减少，喷油时间延后。若各柱塞副磨损不均匀，使各缸供油量不均匀，会导致柴油机转速不稳。磨损严重时，不供油。

（4）出油阀长时间工作后，其工作表面会产生磨损，磨损严重的部位是密封锥面和出油阀减压环带及与之相配合的内孔表面。出油阀偶件的密封锥面磨损，会引起供油量减少，喷油时间延后。减压环带磨损，会使断油不干脆，喷油嘴有滴油，供油量增多，喷油时间提前，造成敲缸及各缸供油不均匀性增加。

操作三：变形与卡滞的诊断与排除

对于旧喷油泵，其卡滞原因多为柴油不干净，柱塞与柱塞套之间有机械杂质，可能是柱塞与柱塞套表面被拉伤或柱塞顶棱角处被磕碰产生毛刺所致。喷油泵装配时，如果连接件装得过紧，则柱塞套、泵体易产生变形，严重时会出现破裂；如果装配不当而进入异物，零件间可能产生卡滞现象，或机油有水；如果机油过浓、在冬季出现运转不灵活等，会破坏调速器的性能，甚至出现发动机熄火和“飞车”现象，导致整机破坏。喷油泵一旦产生变形或破裂，则必须更换新件。

对于新喷油泵，其卡滞原因如下。

（1）调试喷油泵时，选用的柴油不合格，胶质含量较大，酸度较高。这样调试后，在喷油泵精密偶件配合表面黏附着一层油膜。若喷油泵储存过久，这层油膜会逐渐生成有机沉渣并结胶，装机后，产生卡滞现象。

（2）喷油泵储存保管不善，包装不严，防潮防锈材料漏装或损坏，油管接头防尘帽损坏或丢失等，也会产生卡滞现象。

排除方法：对于使用中的旧喷油泵，可找出被卡滞的柱塞偶件并拆下，用清洁柴油清洗。若柱塞偶件被机械杂质拉伤，可用清洁机油洗磨。对于卡滞的新喷油泵，可向喷油泵及调速器内注入适量的汽油或柴油，反复转动凸轮轴，使喷油泵挺柱和调速器飞球等部件运动自如，防止锈蚀发卡导致柴油机“飞车”。

操作四：磨损与断裂的检修

1. 柱塞弹簧的断裂

实际使用中，柱塞弹簧会发生断裂，造成的原因可能有以下几点。

（1）凸轮轴的轴向间隙过大（往往超过 2 mm）或滚轮传动部件的定位螺钉松动，导致喷油泵在工作时产生脉冲振动，引起滚轮传动部件和凸轮轴之间产生剧烈的冲击，致使柱塞弹簧因受冲击载荷而产生断裂。凸轮轴的轴向间隙通常应控制在 0.10 mm 左右。当发现轴向间隙过大时，可将喷油泵连接板和调速器前壳体与喷油泵体之间的垫片减少。

（2）柱塞弹簧在安装时，预紧力太大或弹簧受力不均匀。

（3）柱塞弹簧弹力过大或质量不好。柱塞弹簧安装在泵体内，其弹力大小的鉴别方法是，如果能用手转动柱塞弹簧且不太费力，即认为弹力合适。

（4）柱塞弹簧下座的定位台肩在装配时没有正确落入滚轮传动体内或发生倾斜现象。

2. 弹簧与弹簧座的检修

检查柱塞弹簧时，若发现裂纹、自由长度缩短 1 mm、扭曲超过 1 mm 等现象，应换用新件。换用新件时应检测其弹力，弹力必须符合原厂规定。

3. 出油阀弹簧的检修

检查出油阀弹簧时，如有扭曲和弹力减弱现象，应换用新件，其弹力应符合原厂规定。

三、任务检测

1. 应知

喷油泵的功用、分类、构造及工作原理。

2. 应会

（1）在规定时间内完成操作。

（2）应及时纠正操作过程中出现的违规操作。

（3）喷油泵故障诊断与排除。

（4）符合安全文明生产的要求。

四、展示成果

各小组派代表展示任务成果，并对成果进行讲解汇报。

五、综合评价

对学生进行综合评价，将评价结果填入实训课堂评价表（表 8–3）。

表8–3　实训课堂评价表

评价人	评价项目				
	职业素养	专业能力	方法能力	社会能力	综合评价
学生自评					
小组互评					
教师点评					
师傅点评					

任务4　喷油器

实训任务

喷油器常见故障诊断与排除。

实训场地

理论与实践一体化汽修专业实训教室。

实训设备

（1）柴油机 1 台，喷油泵、喷油器总成各 1 个。

（2）常用工具、量具各 1 套。

（3）工作平台、台钳。

（4）其他，如零件盘 / 箱或零件搁架、机油、柴油、清洗用料、油盆、棉纱等若干。

知识链接

一、作用与分类

1. 作用

将喷油泵供给的高压柴油雾化成较细的颗粒，喷射到燃烧室特定的部位，与空气混合形成良好的可燃混合气体。

2. 要求

（1）有一定的喷射压力和射程。

（2）合适的喷注锥角，良好的雾化质量。

（3）喷油终了迅速停油，无滴漏现象。

3. 分类

喷油器可分为孔式喷油器和轴针式喷油器，如图 8–9 所示。

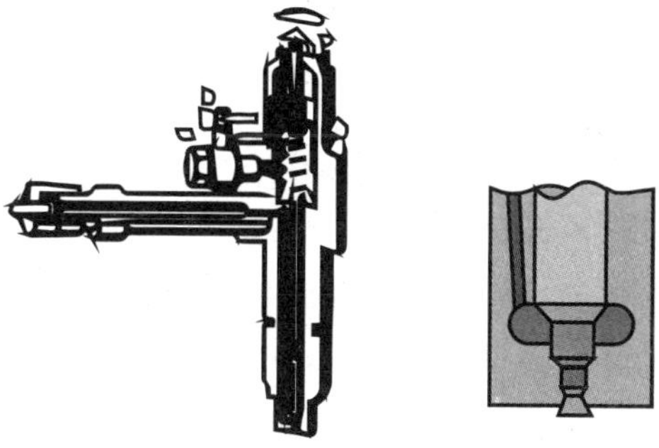

（a）孔式喷油器　　（b）轴针式喷油器

图8–9　喷油器

4. 组成

喷油器由针阀、针阀体、顶杆、调压弹簧、调压螺钉及喷油器体等零件组成。

二、孔式喷油器

1. 作用

直接喷射燃烧室，喷孔的数目 1 ～ 8 个，喷孔直径 0.15 ～ 0.7 mm。

2. 结构

其结构包括进油管、高压油腔、针阀、调压弹簧、调压螺栓，如图 8–10 所示。

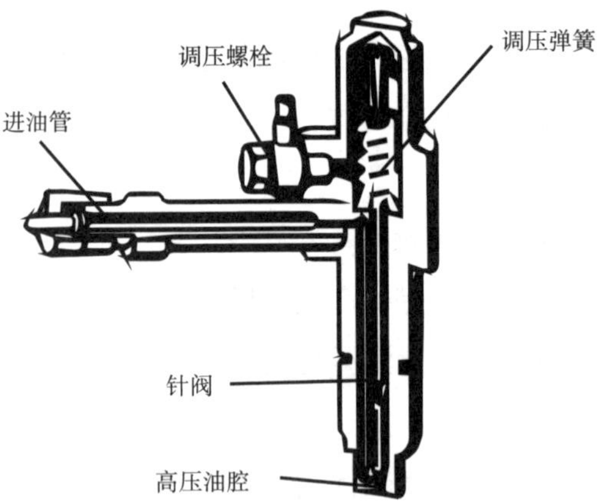

图8–10　孔式喷油器

三、轴针式喷油器

轴针式喷油器如图 8–11 所示。

（1）在针阀密封锥面以下，有一段轴针，穿过阀体上的喷孔稍突出阀体之外，使喷孔成圆环形，喷出空心油柱。

（2）喷孔孔径大，易加工。

（3）工作时，轴针在喷孔内往复运动，清除积碳，使喷孔不易堵塞。

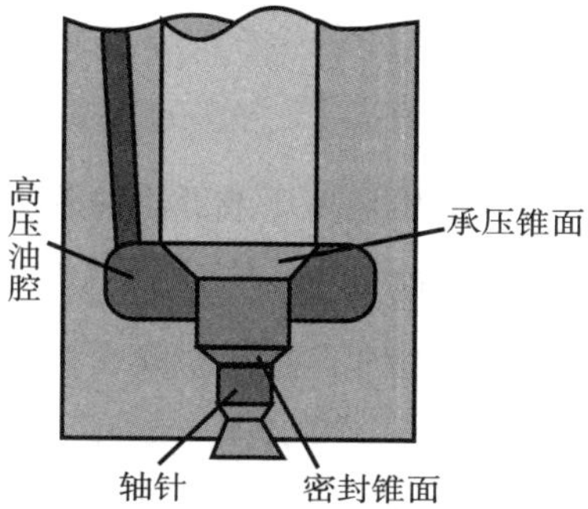

图8-11　轴针式喷油器

实训流程

一、实训前准备

1. 安全教育

（1）注意机件、器具、设备和人身安全。

（2）未经许可，不得随意乱动实训室内与本实训无关的任何设备、陈列器具等，不得乱动电器开关。

（3）实训室严禁烟火。

（4）严禁在实训室内嬉戏。

2. 工位清理

保持车间整洁干净，及时清扫地面，将工位整理干净，物品摆放整齐。

3. 小组分工

每班分成 4 个组，分 2 个内容进行：2 个组进行实训内容的动手操作，2 个组制订实训操作计划。依次进行轮换，分 2 次完成。

4. 确定设备及工具

准备好实训器具，将工具零件整齐摆放在工具车上，以备使用。

二、操作过程

操作一：喷油很少或喷不出油

（1）燃油系统油路有空气：排除高压或低压油管中的空气。

（2）喷油嘴偶件咬死：修磨或更换。

（3）喷油泵供油不正常：按喷油泵故障排除方法找出原因并处理。

（4）高压油管漏油：拧紧螺母，油管已有裂缝的应更换。

（5）喷油嘴偶件磨损：更换或修磨。

操作二：喷油压力低

（1）调压螺钉松动：按规定重新调整至规定压力，并拧紧锁紧螺母。

（2）调压弹簧变形：调整或更换。

（3）针阀黏住：清洗或研磨。

（4）弹簧座、顶杆等零件磨损：修理或更换。

操作三：喷油压力太高

（1）调压弹簧弹力高：按规定重新调整至规定压力，并拧紧锁紧螺母。

（2）针阀黏住：清洗或研磨。

（3）喷孔堵塞：清理喷孔或更换油嘴（喷嘴）。

操作四：喷油器漏油

（1）调压弹簧断裂：更换新弹簧。

（2）针阀体研磨面损坏：更换。

（3）针阀咬死：清洗、修磨或更换。

（4）紧帽变形：更换。

（5）喷油器体平面磨损：修磨或更换。

操作五：喷油雾化不良

（1）喷油压力低：调整至规定压力。

（2）喷油嘴座面损坏或烧坏：修磨或更换。

（3）喷油嘴偶件配合面有垃圾：及时清洗。

操作六：喷油成线

（1）喷孔堵塞：用直径为 0.2 ～ 0.3 mm 的钢丝疏通喷孔。

（2）针阀体座面过度磨损：更换新的针阀体。

（3）针阀咬死：清洗、修磨或更换。

（4）针阀表面烧坏或呈蓝黑色（柴油机过热）：检查冷却系统，并注意更换偶件。柴油机不要长时间超负荷运行。

操作七：喷油器电路控制电路检测方法

可以使用 LED 测试灯，将 LED 测试灯连接在喷油器插头的 2 个插孔中，打开点火开关。

（1）起动发动机，如果 LED 测试灯仍不亮，表示三极管 C 极和 E 极断路。

（2）起动发动机，如果 LED 测试灯会闪亮，说明传感器和计算机是好的。

（3）如果 LED 测试灯一直点亮，表示三极管 C 极和 E 极有短路问题。

三、任务检测

1. 应知

喷油器的功用、分类的应用结构。

2. 应会

（1）在规定时间内完成操作。

（2）应及时纠正操作过程中出现的违规操作。

（3）喷油器常见故障诊断与排除。

（4）符合安全文明生产的要求。

四、展示成果

各小组派代表展示任务成果，并对成果进行讲解汇报。

五、综合评价

对学生进行综合评价，将评价结果填入实训课堂评价表（表 8–4）。

表8–4　实训课堂评价表

评价人	评价项目				
	职业素养	专业能力	方法能力	社会能力	综合评价
学生自评					
小组互评					
教师点评					
师傅点评					

项目9　进排气系统及排污净化装置

任务1　空气滤清器

实训任务

空气滤清器的清洗、使用及更换。

实训场地

理论与实践一体化汽修专业实训教室。

实训设备

（1）常用工具 1 套。

（2）465Q 电喷发动机故障实验台 1 台。

（3）桑塔纳 3000 轿车 1 辆。

（4）化油器清洗剂、软毛刷等清洗工具。

知识链接

一、进气系统的作用及结构

1. 进气系统的作用

为了提高发动机的动力性能，增加进气量，降低油耗及排污，目前采用了较为先进的技术，即可变进气管道系统和进气增压系统，其目的都是增加进气量，提高充气效率，以满足发动机在各种工况下都能提高动力性能的要求。

2. 进气系统的结构

进气系统主要由空气滤清器、进气导流管、进气歧管、空气流量计、节气门等组成，如图 9–1 所示。

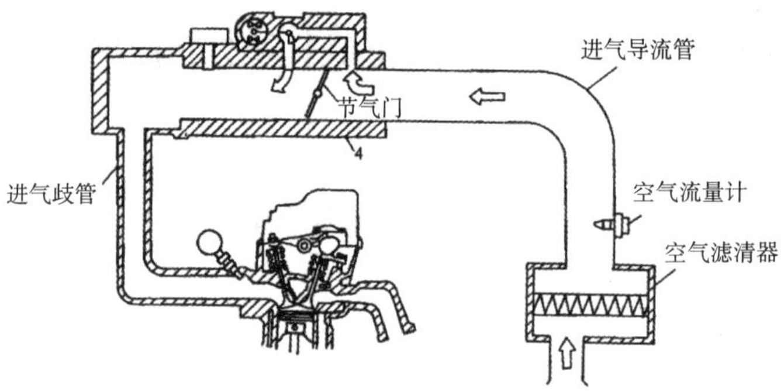

图9–1　进气系统的结构

（1）空气滤清器的作用：滤清空气中的灰尘和杂物，使清洁的空气进入气缸；减小进气噪声，如图 9–2 所示。

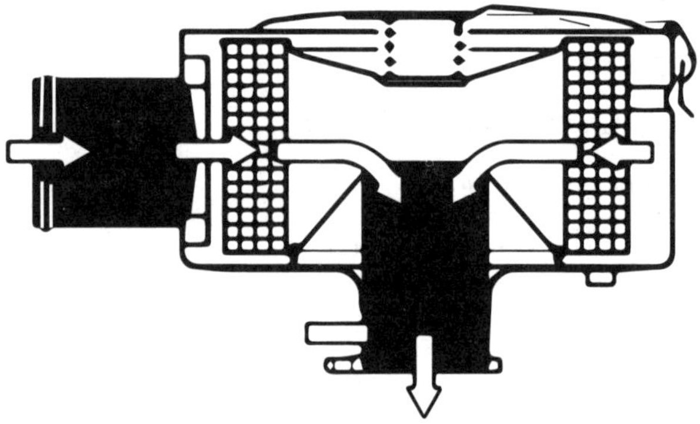

图9–2　空气滤清器的作用原理

（2）空气滤清器的结构：由进气导流管、空气滤清器盖、空气滤清器外壳、滤芯等组成，如图 9–3 所示。

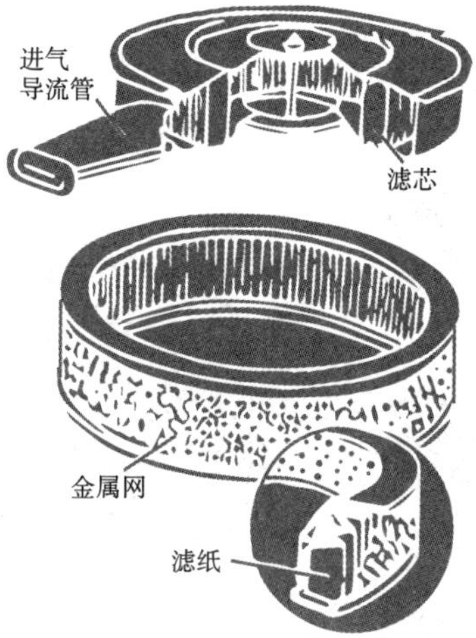

图9-3　空气滤清器的结构

（3）空气滤清器的分类。

空气滤清器的型式有 2 种，即干式和湿式。干式空气滤清器是通过一个干式滤芯（如纸滤芯）将空气中的杂质分离出来的滤清器。轻型车（含轿车、微型车）所用的空气滤清器一般是单级的。它的形状有扁圆形或椭圆形及平板式，过滤材料为滤纸或非织造布，滤芯端盖有金属或聚氨酯，外壳材料为金属或塑料。在额定空气体积流量下，滤芯的原始滤清效率应不低于 99.5%。重型车由于工作环境恶劣，它的空气滤清器必须是多级的。第一级为旋流式预滤器（如叶片环、旋流管等），用于滤除粗大颗粒杂质，过滤效率在 80% 以上；第二级细滤是微孔纸滤芯（一般称作主滤芯），其过滤效率达 99.5% 以上。主滤芯之后，还有一个安全滤芯，其作用是在安装和更换主滤芯时，或在主滤芯偶然损坏时防止灰尘进入发动机。安全滤芯的材料多为非织造布，也有使用滤纸的。

湿式空气滤清器包括油浸式和油浴式 2 种。

油浸式是通过一个油浸过的滤芯，将空气中的杂质分离出来，其滤芯材料有金属丝织物的，也有发泡材料的。

油浴式是将吸进的含尘空气导入油池，先除去空气中的大部分灰尘，再在带油雾的空气向上流经一个由金属丝绕成的滤芯时进一步过滤，油滴和被拦住的灰尘一起返回到油池。油浴式空气滤清器一般用于农业机构和船用动力，如图 9–4 所示。

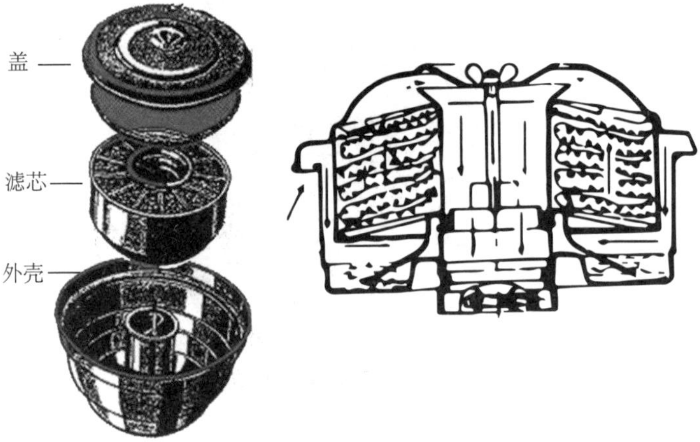

图9–4　油浴式空气滤清器

空气滤清有惯性式、过滤式和油浴式 3 种方式。

惯性式：由于杂质的密度较空气的密度大，当杂质随空气旋转或急转弯时，离心惯性力的作用能使杂质从气流中分离出来。

过滤式：引导空气流过金属滤网或滤纸等，将杂质阻挡并黏附在滤芯上。

油浴式：在空气滤清器底部设有机油盘，利用气流急转冲击机油，将杂质分离并黏附在机油中，而被激荡起的机油雾滴随气流流经滤芯，并黏附在滤芯上。空气流过滤芯时能进一步吸附杂质，从而达到滤清的目的。

（4）空气滤清器进气导流管，如图 9–5 所示。

为了增强发动机的谐振进气效果，空气滤清器进气导流管需要有较大的容积。较长的进气导流管有利于实现从车外吸气。

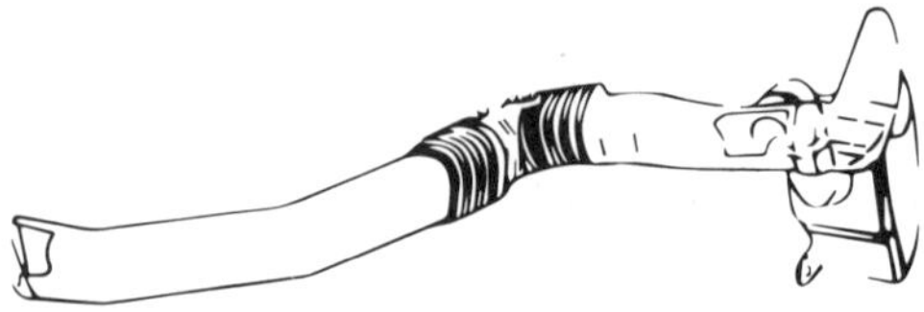

图9–5　空气滤清器进气导流管

二、节气门组件

实现进气量的控制，是发动机电控单元判断发动机负荷、决定喷油量的重要依据；也是电控单元的执行件，实现怠速控制，如图 9-6 所示。

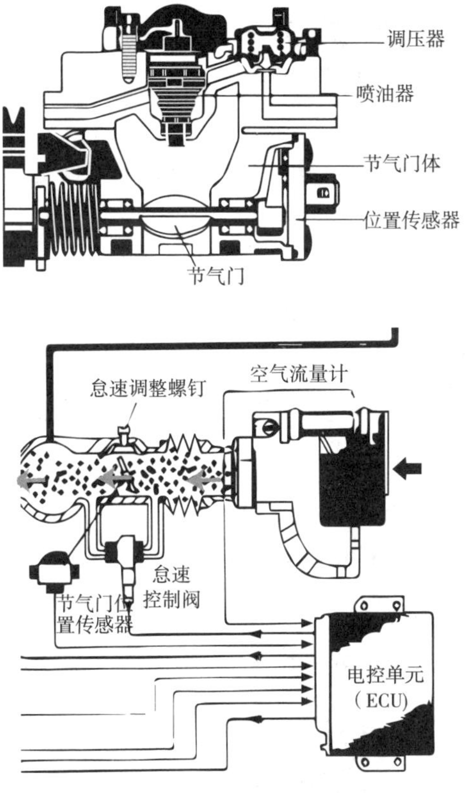

图9-6 节气门组件

三、进气歧管

1. 进气歧管的作用

将可燃混合气体或空气分配到各气缸进气道，如图 9-7 所示。

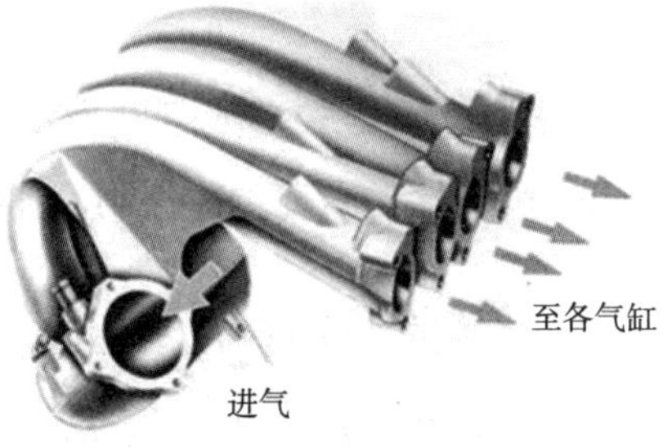

图9–7 进气歧管

2. 对进气歧管的要求

汽油机：空气流动阻力尽可能小；使可燃混合气体混合均匀；将可燃混合气体均匀地分到各气缸。

柴油机：只考虑进气量要尽可能地多，不考虑进气管内的燃油雾化和蒸发问题。

3. 进气歧管的加热方式

进气歧管的加热方式如图 9–8 所示。

（1）利用排气加热进气管。

（2）利用循环冷却液加热进气管。

图9–8 进气歧管的加热方式

4. 谐振进气系统

一定长度和直径的进气歧管 + 一定容积的谐振室谐振进气系统，如果其固有频率与气门的进气周期调谐，那么，在特定的转速下，就会在进气门关闭之前，在进气歧管内产生大幅度的压力波，使进气歧管的压力增高，从而增加进气量。这种效应称为进气波动效应。谐振进气系统如图 9–9 所示。

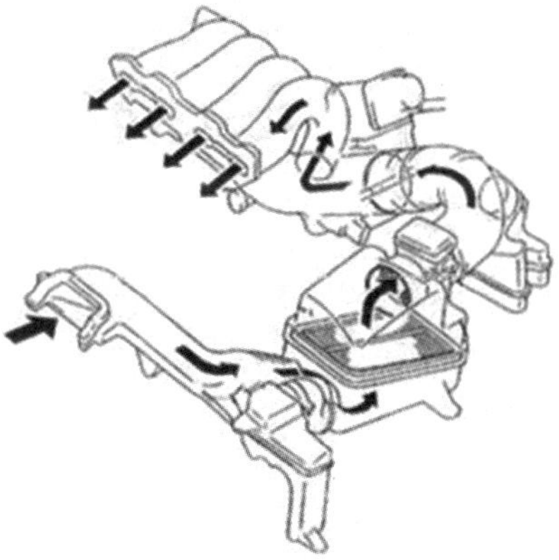

图9–9　谐振进气系统

5. 可变进气歧管

可变进气歧管如图 9–10 所示。其可充分利用进气波动效应和尽量缩小发动机在高速运转与低速运转时进气速度的差别，从而达到改善发动机经济性及动力性，特别是改善中、低速和中、小负荷时的经济性和动力性的目的。

高速大负荷时——粗而短的进气歧管。

中、低转速和中、小负荷——细而长的进气歧管。

可变进气歧管在所有转速下都可以使发动机转矩平均提高 5%，如图 9–11、图 9–12 所示。

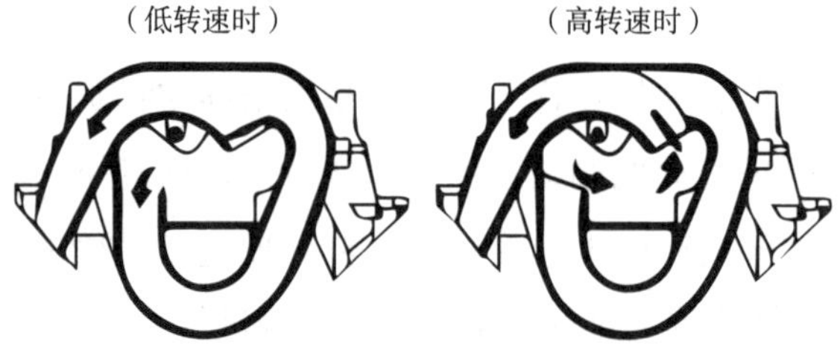

图9-10 可变进气歧管

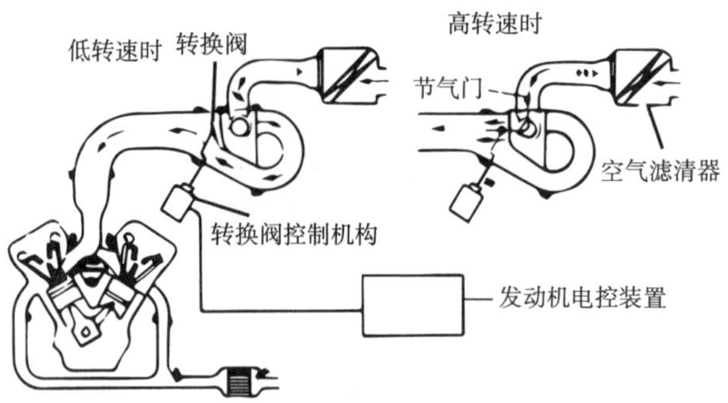

图9-11 可变进气歧管长度

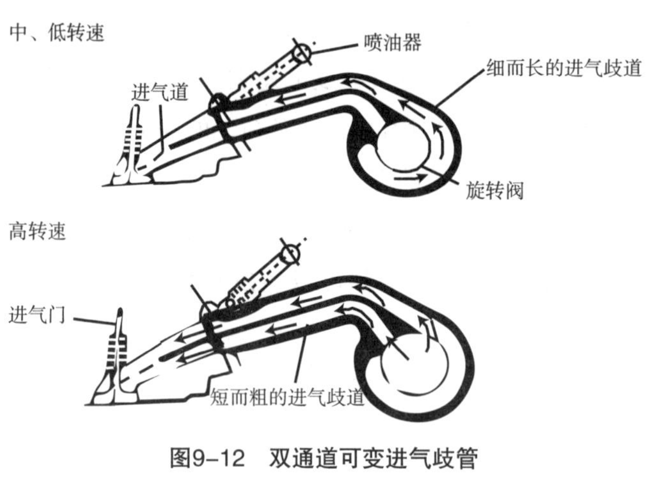

图9-12 双通道可变进气歧管

实训流程

一、实训前准备

1. 安全教育

（1）注意机件、器具、设备和人身安全。

（2）未经许可，不得随意乱动实训室内与本实训无关的任何设备、陈列器具等，不得乱动电器开关。

（3）实训室严禁烟火。

（4）严禁在实训室内嬉戏。

2. 工位清理

保持车间整洁干净，及时清扫地面，将工位整理干净，物品摆放整齐。

3. 小组分工

每班分成4个组，分2个内容进行：2个组进行实训内容的动手操作，2个组制订实训操作计划。依次进行轮换，分2次完成。

4. 确定设备及工具

准备好实训器具，将工具零件整齐摆放在工具车上，以备使用。

二、操作过程

操作一：空气滤清器的清洗

1. 自己动手清洗滤清器

空气滤清器如图9–13所示。打开前车盖，那里会有一个黑色的正方形或者长方形的盒子，然后有一条大的通气管连接到节气门的就是滤清器。上面有的是螺丝，有的是压扣，很容易打开取出。一般清洁都是把灰尘吹掉就可以了。如果太黑或者用久了，就建议换了再安装。在安装空气滤清器时，也应先将里面吹一下。

2. 定期清洗空气滤清器或更换滤芯

汽车发动机是非常精密的机件，极小的杂质都会损伤发动机。因此，空气在进入气缸之前，必须先经过空气滤清器的细密过滤，才能进入气缸。

空气滤清器是发动机的守护神，空气滤清器状态的好坏关系着发动机的寿命。

图9–13　空气滤清器

如果汽车行驶中使用过脏的空气滤清器，会使发动机进气不足，使燃油燃烧不完全，导致发动机工作不稳定，会使动力下降、耗油量增加。因此，汽车必须保持空气滤清器的清洁。

在一般道路情况下，汽车行驶 7500 ～ 8000 km 必须对空气滤清器进行清洁维护。在沙尘程度较大的地区维护的间隔应相应缩短。

新型轿车上广泛使用干式空气滤清器，干式空气滤清器的滤芯是由经过树脂处理的微孔滤纸制成的，具有滤清效果好、维护方便等特点。因车型不同，其结构形状有所区别，但其维护方法是基本相同的。对其进行维护，应遵照汽车制造厂方规定的使用里程进行。

操作二：空气滤清器的滤清方式

空气滤清器究竟采用哪种滤清方式取决于机器的用途和环境条件。一般汽车上多采用纸滤芯滤清器，或油浴 – 过滤式组合滤清器，如图 9–14 所示。

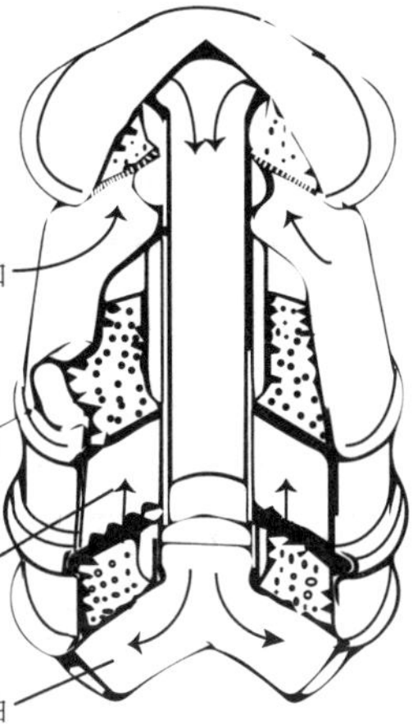

图9–14　油浴–过滤式组合滤清器

拖拉机、牵引车和工程机械用的内燃机因工作环境中灰尘多，需要采用2种或3种滤清方式的组合滤清器。船用内燃机因环境条件较清洁，常采用纸滤芯或金属滤芯的滤清器。

往复式空气压缩机依排气量的大小采用不同的金属滤芯，排气量小于12 m^3/min的往复式压缩机大多用纸滤芯滤清器，并与内燃机滤清器通用。中等排气量的往复式压缩机多数采用金属滤芯滤清器。为了提高金属滤芯的吸尘能力，常在金属滤网上涂敷黏性油，或采用油浴式。排气量大于40 m^3/min时，则采用几个金属滤芯的组合式滤清器。无油润滑的压缩机不能采用油浴式，而应使用干式滤清器。

操作三：空气滤清器的使用

在对空气滤清器做保养时，应仔细检查其纸滤芯内外表面滤纸的颜色及反差。使用过的滤芯，接触大气一面的外表面因沉积了尘土，颜色呈灰黑色；而面向进气道一面的滤芯内表面仍应呈现本色。若滤芯外表面的灰尘清除后，滤芯的本色能够显露出来，则滤芯可继续使用。若滤芯外表面经过清除灰尘的程序后，滤芯本色仍不显现，或滤芯内表面颜色发暗，则必须更换滤芯。通常情况下，每一款车的生产厂家及其特约维修站都有空气滤芯的建议更换周期，车主只需按要求去做就可以了；如果道路灰尘较多，应适当缩短空气滤芯的清洁、更换里程。更换时，最好到特约维修站进行，如果车主习惯于自己购买配件，那么，首先必须弄清楚你的车用什么型号、什么材质的空气滤芯，一定要使用厂家指定的优质空气滤芯，购买时要辨别真伪，绝不能将不合格的空气滤芯装车使用。

操作四：空气滤清器的更换

第一步，打开发动机舱盖，确认空气滤清器的位置。空气滤清器一般位于发动机舱左侧，即左前轮上方的位置。打开发动机舱盖后，在该位置可以看到 1 个四方形的塑料黑盒子，滤芯就安装在里面。我们只需朝上轻轻掰起 2 个金属卡子，即可将整个空气滤清器上盖掀起来。也会有个别车型利用螺丝固定空气滤清器，这时，需要选取合适的螺丝刀将空气滤清器盒上的螺丝拧下，取出空气滤清器。

第二步，将空气滤芯取出，检查是否有较多的尘土，可以轻轻拍打滤芯端面，或利用压缩空气由里向外清洁滤芯上的尘土，切勿用自来水进行冲洗。如果空气滤清器已经严重堵塞，则需要更换新的滤清器（可去 4S 店或汽配城购买一个型号相同的）。

第三步，在处理完空气滤芯后，还需要对空气滤清器滤盒进行彻底的清理，一般在空气滤清器的下面会堆积大量的尘土，这些尘土就是导致发动机动力下降的元凶。

第四步，更换新的空气滤清器。

三、任务检测

1. 应知

（1）进气系统的作用、结构。

（2）空气滤清器的作用、结构及工作原理。

2. 应会

（1）在规定时间内完成操作。

（2）应及时纠正操作过程中出现的违规操作。

（3）空气滤清器的清洗、使用、更换的操作步骤。

（4）符合安全文明生产的要求。

四、展示成果

各小组派代表展示任务成果，并对成果进行讲解汇报。

五、综合评价

对学生进行综合评价，将评价结果填入实训课堂评价表（表 9–1）。

表9–1　实训课堂评价表

评价人	评价项目				
	职业素养	专业能力	方法能力	社会能力	综合评价
学生自评					
小组互评					
教师点评					
师傅点评					

任务2　发动机排气系统

实训任务

发动机排气系统故障诊断与排除。

实训场地

理论与实践一体化汽修专业实训教室。

实训设备

（1）常用工具 1 套。

（2）465Q 电喷发动机故障实验台 1 台。

（3）桑塔纳 3000 轿车 1 辆。

（4）消音器若干。

知识链接

一、发动机排气系统

功能：以尽可能小的排气阻力和噪声，将气缸内的废气排到大气中。

组成：由排气管（包括排气歧管和总管）、催化转换器、消声器等组成，如图 9-15 所示。

分类：发动机排气系统可分为单排气系统和双排气系统，双排气系统如图 9-16 所示。

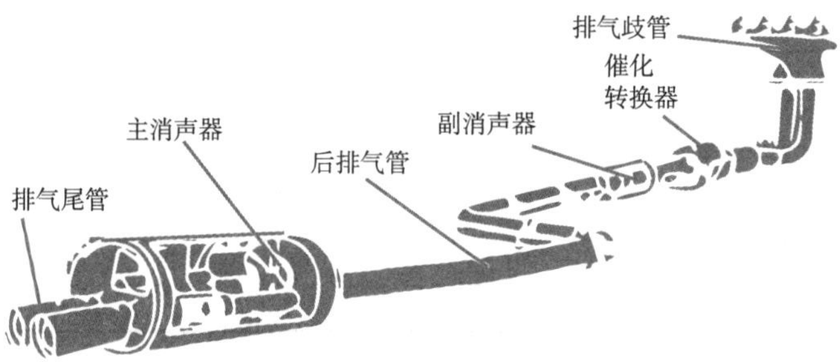

图9-15　发动机排气系统

优点：降低排气系统内的压力，使发动机排气更顺畅，气缸中残余的废气较少，可以充入更多的气体，使发动机的功率和转矩都有提升。

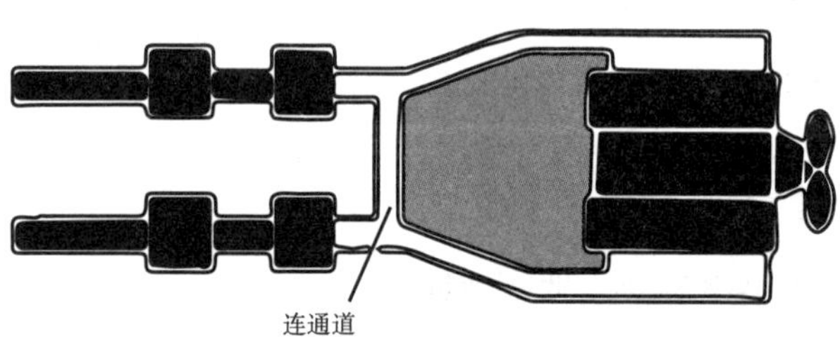

图9-16　双排气系统

1. 材料

铸铁、球墨铸铁、不锈钢（质量轻、耐久性好、内壁光滑、排气阻力小），如图 9-17、图 9-18 所示。

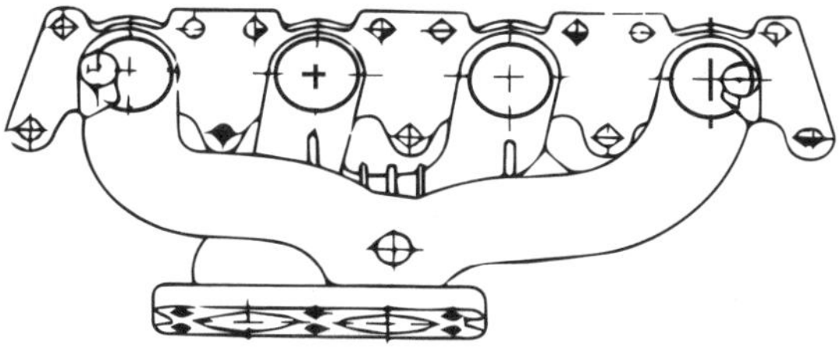

图9–17　铸铁排气歧管（捷达轿车）

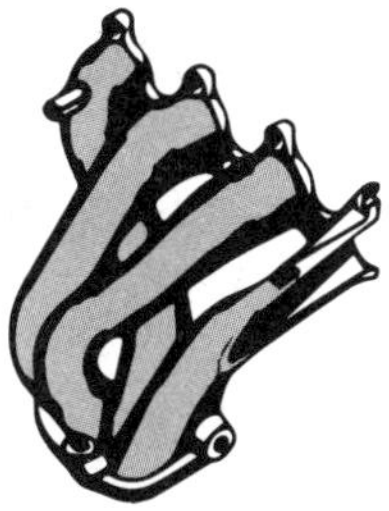

图9–18　不锈钢排气歧管

2. 要求

（1）为了不使各缸排气相互干扰及不出现排气倒流现象，并尽可能地利用惯性排气，应该将排气歧管做得尽可能长。

（2）各缸歧管应该相互独立，长度相等。

（3）歧管汇合的合理性。

二、消声器

1. 排气管上装消声器的原因

发动机的排气压力为 0.3 ～ 0.5 MPa，温度在 500 ～ 700 ℃，这表明排气有一定的能量。由于排气的间歇性，在排气管内会引起排气压力的脉动，由此可产生强烈的、频谱比较复杂的噪声，其频率从几十赫到 1 万赫以上。

2. 消声器的作用

消声器如图 9–19 所示，其通过逐渐降低排气压力和衰减排气压力的脉动来消除排气噪声。

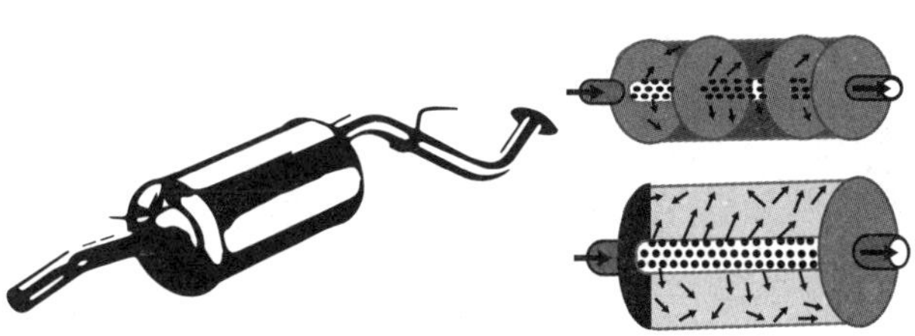

图9–19　消声器

实训流程

一、实训前准备

1. 安全教育

（1）注意机件、器具、设备和人身安全。

（2）未经许可，不得随意乱动实训室内与本实训无关的任何设备、陈列器具等，不得乱动电器开关。

（3）实训室严禁烟火。

（4）严禁在实训室内嬉戏。

2. 工位清理

保持车间整洁干净，及时清扫地面，将工位整理干净，物品摆放整齐。

3. 小组分工

每班分成 4 个组，分 2 个内容进行：2 个组进行实训内容的动手操作，2 个组制订实训操作计划。依次进行轮换，分 2 次完成。

4. 确定设备及工具

准备好实训器具，将工具零件整齐摆放在工具车上，以备使用。

二、操作过程

操作：汽车在行驶中消声器出现放炮现象的原因和故障分析

1. 故障现象

（1）停车检查中，当把点火线圈高压总火线拔下，在距离缸体 34 mm 处试火，扳动分电器断电触点或摇转曲轴时，跳火均正常，但发现分电器断电触点有烧蚀现象。

（2）用砂条修磨触点并调整间隙至 0.35 ～ 0.45 mm 后，发动机起动后运转正常，但是当汽车行驶约 40 km 后，消声器又出现放炮现象。

（3）根据上述现象对消声器放炮原因进行了仔细分析，为找出故障症结，检查了点火次序、分电器断电触点臂弹簧力、点火正时、火花塞等均未发现问题。

（4）继续检查化油器空气滤清器、气门间隙，如果也没结果，再次起动发动机又运转正常，但是没有多久又旧病复发。

（5）停车再次检查分电器部分。

（6）通过拆卸和仔细检查，终于发现断电器触点臂至低压接线柱的铜胶线在拐弯处折裂，只剩下几根细铜丝相连。更换断裂的铜胶线后，故障现象消失。

2. 故障分析

当分电器低压导线部分铜丝折断后，导线横截面积减小，从而使初级电路电阻增大，电路中电流减小，造成点火线圈产生的高压不足。当发动机温度低时，虽然起动困难一些，但起动后发动机能正常运转。待发动机温度升高后，点火线圈温度也随之升高，电阻又随温度上升而增大，所以点火线圈产生的高压电会更加不足，高压火花更弱，甚至断火。由于不时断火，气缸里未被点燃的可燃混合气体排入消声器，当这些混合气体在消声器中膨胀时，遇到废气中的火星即发生爆燃，表现为消声器放炮。

三、任务检测

1. 应知

（1）排气的作用、分类、结构。

（2）消声器的工作原理。

2. 应会

（1）在规定时间内完成操作。

（2）应及时纠正操作过程中出现的违规操作。

（3）消音器故障诊断与排除。

（4）符合安全文明生产的要求。

四、展示成果

各小组派代表展示任务成果，并对成果进行讲解汇报。

五、综合评价

对学生进行综合评价，将评价结果填入实训课堂评价表（表 9–2）。

表9–2　实训课堂评价表

评价人	评价项目				
	职业素养	专业能力	方法能力	社会能力	综合评价
学生自评					
小组互评					
教师点评					
师傅点评					

任务3　进气增压装置

实训任务

增压器故障诊断与排除。

实训场地

理论与实践一体化汽修专业实训教室。

实训设备

（1）常用工具 1 套。

（2）465Q 电喷发动机故障实验台 1 台。

（3）桑塔纳 3000 轿车 1 辆。

（4）涡轮增压器、机械增压器和气波增压器。

知识链接

通过将空气压缩后在供入气缸，使进气量增加的技术称为进气增压。常用的增压器有涡轮增压器、机械增压器和气波增压器。

一、涡轮增压系统

六缸电喷汽油机双涡轮增压系统主要由涡轮增压器、进气旁通阀、排气旁通阀、膜片式放气控制阀及中冷器等组成，如图 9-20 所示。

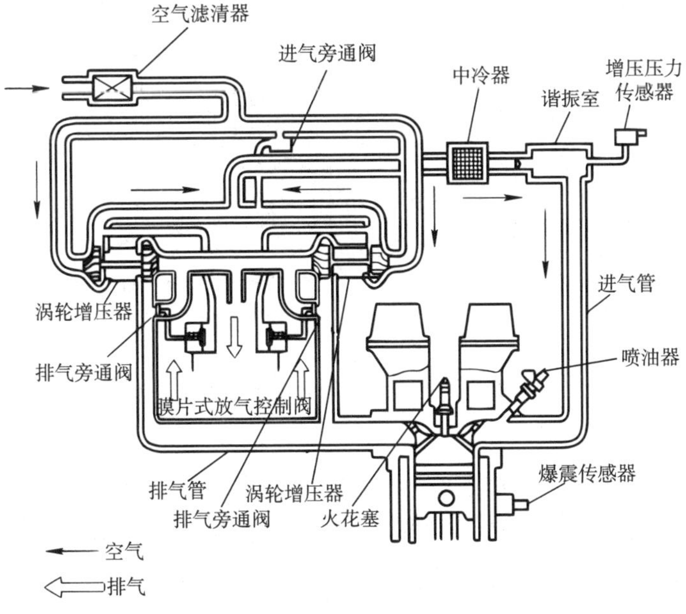

图9-20　双涡轮增压系统示意图

工作原理：排气由排气歧管按图 9-20 中箭头所示的方向，分别流入两个涡轮增压器的涡轮机构，驱动涡轮机叶轮和压力机叶轮旋转，然后进入排气管。进气按图 9-20 箭头所示的方向经过空气滤清器，分别进入两个涡轮增压器的压气机构，增压后汇集一处，经中冷器冷却后，沿进气管进入气缸。

二、涡轮增压器

如图 9–21 所示，增压器由右侧的涡轮机、中间体和左侧的压气机 3 个部分组成。增压器轴用左右两个浮动轴承支承在中间体内。中间体内有润滑油道及防止机油漏入压气机和涡轮机的油封。

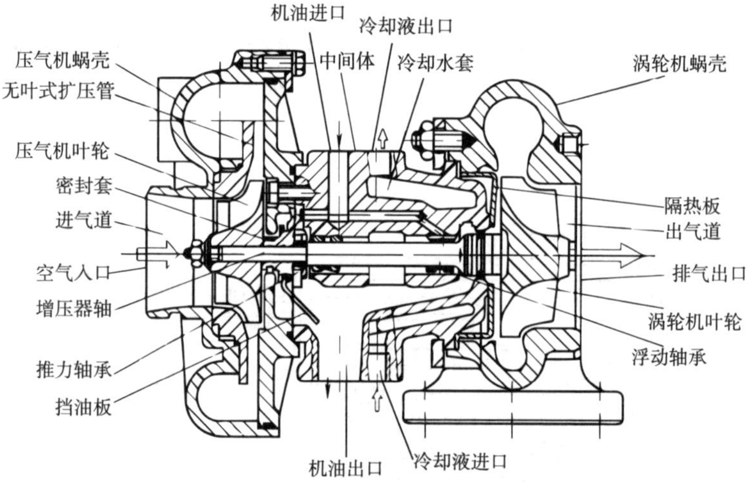

图9–21　汽车用涡轮增压器结构

工作原理：如图 9–21 所示，来自发动机润滑系主油道的机油由机油进口进入中间体，润滑冷却增压器轴和轴承，然后由机油出口流回发动机油底壳。在中间体的涡轮机侧设有冷却水套，发动机冷却系的冷却液自冷却液进口流入，冷却液出口流出，使增压器轴和轴承得到冷却。

排气形成的高速气流冲击涡轮机叶轮，使涡轮机叶轮、压气机叶轮、增压器轴及密封套等构成的涡轮增压器转子高速旋转。空气由进气道进入压气机叶轮，在离心力的作用下，从叶轮的中心流向叶轮的外周，其流速、压力和温度均有较大的增高，然后进入扩压管，进一步减速增压，经过中冷器后进入气缸。

实训流程

一、实训前准备

1. 安全教育

（1）注意机件、器具、设备和人身安全。

（2）未经许可，不得随意乱动实训室内与本实训无关的任何设备、陈列器具等，不得乱动电器开关。

（3）实训室严禁烟火。

（4）严禁在实训室内嬉戏。

2. 工位清理

保持车间整洁干净，及时清扫地面，将工位整理干净，物品摆放整齐。

3. 小组分工

每班分成 4 个组，分 2 个内容进行：2 个组进行实训内容的动手操作，2 个组制订实训操作计划。依次进行轮换，分 2 次完成。

4. 确定设备及工具

准备好实训器具，将工具零件整齐摆放在工具车上，以备使用。

二、操作过程

操作一：涡轮增压器漏油的诊断与处理方法

机油消耗量大，但排气烟色正常，动力不降低。

原因：这种情况一般是由于机油渗漏造成的。

处理方法：

（1）首先应检查发动机润滑系外部油管（包括增压器进油管、回油管）是否漏油。

（2）检查增压器废气排出口是否有机油。如有机油，可判定涡轮一端密封环损坏，应更换此密封环。

机油消耗量大，排气冒蓝烟，但动力不下降。

原因：由于增压器压气端漏油，机油通过发动机进气管进入燃烧室被烧掉所造成的，有以下几种可能：

（1）增压器回油管不畅通，机油在转子总成的中间支承处积留过多，沿转子轴流入压气叶轮。

（2）靠近压气叶轮一端的密封环或甩油环损坏后，机油由此进入叶轮室，然后随室内增压后的空气一同经进气管进入燃烧室。

处理方法：

（1）打开压气机的出气口或发动机进气直管（橡胶软管），看管口、管壁是否黏附机油。如有，请检查增压器回油管是否畅通。如不畅通则是由于中间支承处积油过多引起，应将回油管疏通后装复。

（2）如畅通，则是由于叶轮一端密封环或甩油环损坏造成的，应解体增压器进行修复。

机油消耗量大，排气冒蓝烟或黑烟，且动力下降。

原因：

（1）活塞与气缸之间的间隙磨损过大，机油窜入燃烧室而被烧掉。

（2）空气在被增压器吸入的过程中，空气流遇到较大阻力（如滤芯堵塞，进气胶管被吸变形或压扁等），压气机进气口处的压力较低，造成机油渗漏进入压气机内，随压缩空气一起进入燃烧室内烧掉。

处理方法：

（1）检查进气直软管壁内有无机油、是否被压扁，使气流受阻或滤芯堵塞。

（2）如管口和管壁有机油，应清洗或更换空气滤芯。

操作二：有金属摩擦声的原因和处理办法

排气冒黑烟，功率下降，且增压器有异响。

原因：

（1）如有金属摩擦声，是增压器转子轴承或止推轴承磨损过多，叶轮与增压器壳摩擦而产生。

（2）如不是金属摩擦声，而是气流声，则是由于增压器转子高速旋转产生的声音，或是进气、排气接口处因连接不好而产生的漏气现象。

处理方法：

（1）前者应视磨损情况更换损坏的备件进行修复。

（2）后者应认真区分，有针对性地解决。

操作三：增压器轴承损坏的原因和处理办法

增压器轴承损坏，发动机功率下降，机油消耗增高，冒黑烟，严重时增压器不能工作。

增压器轴承损坏的原因如下：

（1）润滑油压力和流量不足。增压器轴颈和止推轴承的润滑油供应不足；使转子轴颈和轴承间保持浮动的润滑油不足；增压器已高速运转，而润滑油未及时供给。

（2）杂物或泥沙进入润滑系。

（3）机油氧化变质。柴油机过热，从活塞与缸壁间窜过的燃气过多；冷却液漏入机油中；机油选用不当，以及没有按规定定期更换机油。

处理方法：

（1）检查润滑油压力是否正常，机油量是否符合要求。

（2）按规定要求，定期更换润滑油，并保证润滑油清洁。

（3）严格按规定要求，使用润滑油，不得混用。

（4）应避免发动机在高温情况下工作，保持发动机的正常工作温度。

出现以上现象，要拆开涡轮增压器进行清洗，并更换相应零件。当发现涡轮增压器漏油时，必须检查增压器回油管和柴油机通风管是否阻塞，机油冷却器工作是否正常。当发现机油成油泥状时，应立即按照规定更换机油及机油滤清器，只有这样才能排除涡轮增压器的故障，保证其在最佳状况下工作。

三、任务检测

1. 应知

进气增压装置的作用、分类及工作原理。

2. 应会

（1）在规定时间内完成操作。

（2）应及时纠正操作过程中出现的违规操作。

（3）增压器故障诊断与排除。

（4）符合安全文明生产的要求。

四、展示成果

各小组派代表展示任务成果，并对成果进行讲解汇报。

五、综合评价

对学生进行综合评价，将评价结果填入实训课堂评价表（表 9–3）。

表9–3 实训课堂评价表

评价人	评价项目				
	职业素养	专业能力	方法能力	社会能力	综合评价
学生自评					
小组互评					
教师点评					
师傅点评					

任务4 排气净化装置

实训任务

曲轴箱的故障诊断与排除。

实训场地

理论与实践一体化汽修专业实训教室。

实训设备

（1）常用工具 1 套。

（2）465Q 电喷发动机故障实验台 1 台。

（3）桑塔纳 3000 轿车 1 辆。

（4）催化转换器。

知识链接

一、催化转换器

催化转化器与排气管串联安装，如图 9-22 所示。

在其用不锈钢制成的密封壳体内装有很多蜂窝状小孔的陶瓷块，在陶瓷块的小孔表面有一层铂、钯或铑的催化剂镀层。当排气由催化转换器的入口进入，与催化剂接触时，催化剂促使排气中的 CO、HC 和 NO_x 发生化学反应，变为无害气体后，经催化转换器的出口和排气管排入大气。

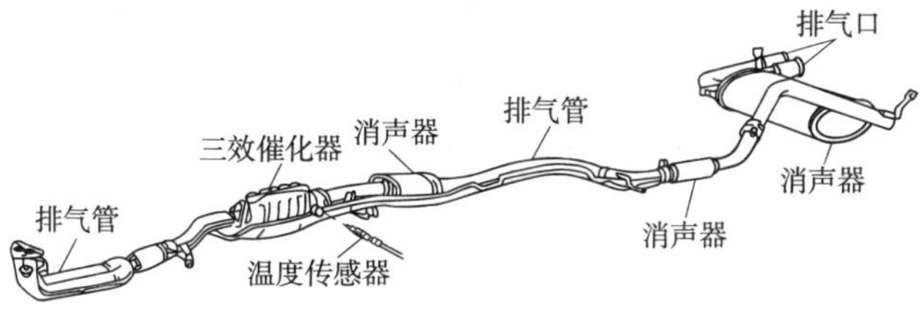

图9-22　排气管—三效催化器—消声器总成

二、排气再循环（EGR）装置

NO_x 是在燃烧室的高温、有氧条件下生成的。

采用 EGR 装置降低 NO_x 排放量的基本原理：将排气管中少量排气引入进气，与新鲜空气混合后送入气缸，使最高燃烧温度降低，从而减少 NO_x 的生成。EGR 安装在稳压箱上，EGR 率传感器将其检测到的 EGR 率信号反馈给计算机，计算机据此发出控制指令，调整安装在管路中的 EGR 控制阀开度，以此控制 EGR 率，使其在发动机的各种工况下始终保持最佳值，如图 9-23 所示。

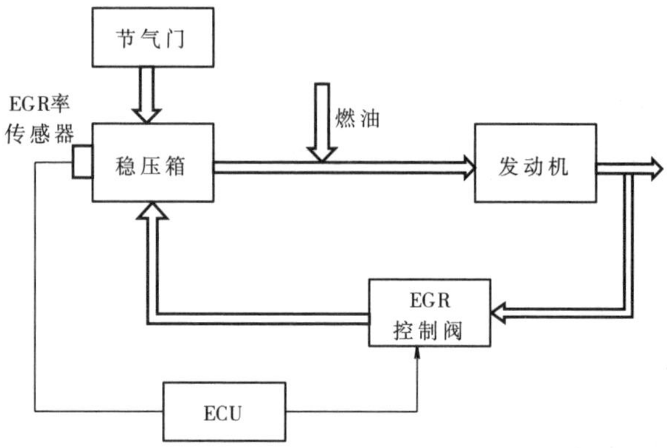

图9-23 具有EGR率反馈信号的闭环控制系统

三、强制式曲轴箱通风装置

强制式曲轴箱通风系统是利用进气管的真空吸力，形成循环气流，将曲轴箱内气体不断吸入进气歧管的一种装置，如图 9-24 所示。

发动机工作时，进气管真空度沿着曲轴箱气体软管所形成的通道，将进入空气滤清器的新鲜空气经空气软管吸入气缸盖罩内，再由气缸盖和机体上的孔道进入曲轴箱，与曲轴箱气体混合后，经 PVC 阀进入进气管和气缸。

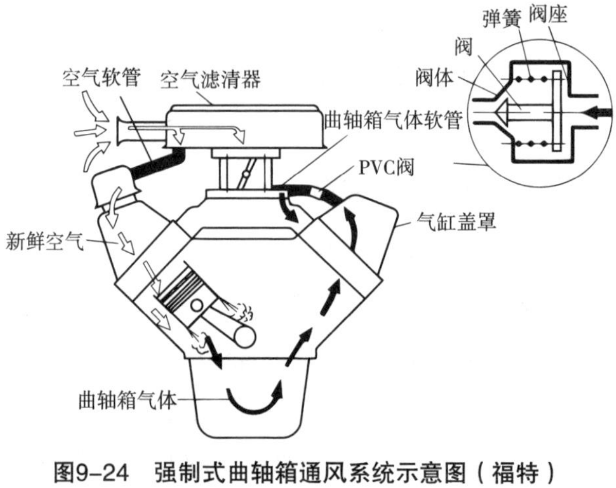

图9-24 强制式曲轴箱通风系统示意图（福特）

四、汽油蒸发污染电控装置

汽油蒸发污染电控装置的作用是防止汽油箱产生的汽油蒸气向大气扩散。

其工作原理是油箱中的汽油蒸气经单向阀进入炭罐上部，被其中的活性炭吸附，计算机根据发动机的转速、温度及空气流量等信号，通过操纵活性炭罐的电磁阀，改变排放控制阀上方的真空度，控制排放控制阀的开闭。当排放控制阀打开时，空气从活性炭罐底部经过滤网向上流过炭灌，并携带吸附在活性炭粒表面的汽油蒸气，通过定量排放小孔吸入进气歧管，随后进入气缸烧掉。

实训流程

一、实训前准备

1. 安全教育

（1）注意机件、器具、设备和人身安全。

（2）未经许可，不得随意乱动实训室内与本实训无关的任何设备、陈列器具等，不得乱动电器开关。

（3）实训室严禁烟火。

（4）严禁在实训室内嬉戏。

2. 工位清理

保持车间整洁干净，及时清扫地面，将工位整理干净，物品摆放整齐。

3. 小组分工

每班分成 4 个组，分 2 个内容进行：2 个组进行实训内容的动手操作，2 个组制订实训操作计划。依次进行轮换，分 2 次完成。

4. 确定设备及工具

准备好实训器具，将工具零件整齐摆放在工具车上，以备使用。

二、检修与维护

1. 维修曲轴箱通风不良的原因

（1）漏到曲轴箱内的汽油蒸气和废气中的水蒸气凝结后，会使机油被稀释，使机油氧化变质。

（2）废气中的二氧化硫遇水生成亚硫酸，再遇空气中的氧气生成硫酸，对金属零件有极强的腐蚀作用。

（3）曲轴箱内的气体压力增高，容易冲裂油底壳衬垫、气门室盖衬垫和曲轴箱前后油封。

（4）窜气使曲轴箱内的机油温度增高，容易老化变质。

2. 曲轴箱通风不良的检修

（1）单向阀堵塞。若单向阀堵塞，发动机怠速时靠阀端小孔通风，通风系统失去作用。应定期维护清洗单向阀，保证单向阀随时畅通。

（2）弹簧弹力失效。工作中单向阀不能开启，通风面积不适合发动机工况需要，应予更换。

（3）单向阀装反或漏装，通风装置失去作用，从而影响进气管内的混合气体空燃比，而使发动机工作不正常（尤其是无怠速），甚至造成从加机油口等处向外喷出油气及有关结合部位渗油。

（4）安装不妥。维护修理时，如将曲轴箱通风装置后挺杆室盖弯管接头上的密封垫圈漏装或其位置装错，会导致弯管接头尾端与挡油板距离太近，甚至使两者接触而引起堵塞，造成曲轴箱通风系统工作失效。遇此情况应予拆检修复。

3. 曲轴箱通风的定期维护

（1）定期检查各通气管道，尤其是抽气管的连接是否牢靠，有无漏气或堵塞。发动机怠速运转时，用肥皂水涂抹于各接合处，观察是否有漏气之处。

（2）检查单向阀是否处于良好的技术状况（尤其需查看单向阀是否发卡、漏气和堵塞），必要时清除积炭，清洗疏通。

（3）机油加注筒上的小空气滤清器要适时清洗维护，清除油胶和尘污，不得使用布团等物堵塞而影响曲轴箱的空气对流。

（4）定期维护发动机空气滤清器，对于封闭式 PCV 系统，要确保空气滤清器内的 PCV 滤清器畅通无阻，使其经常处于良好的工作状态。

三、任务检测

1. 应知

排气净化装置所包含的装置、作用及工作原理。

2. 应会

（1）在规定时间内完成操作。

（2）应及时纠正操作过程中出现的违规操作。

（3）曲轴箱的故障诊断与排除。

（4）符合安全文明生产的要求。

四、展示成果

各小组派代表展示任务成果，并对成果进行讲解汇报。

五、综合评价

对学生进行综合评价，将评价结果填入实训课堂评价表（表 9–4）。

表9–4　实训课堂评价表

评价人	评价项目				
	职业素养	专业能力	方法能力	社会能力	综合评价
学生自评					
小组互评					
教师点评					
师傅点评					

参考文献

丁云鹏，2016．汽车维修技术与实训［M］．北京：机械工业出版社．

孔宪锋，2007．汽车发动机构造与维修：汽车运用与维修专业［M］．2版．北京：高等教育出版社．

刘峰，解太林，2016．汽车故障分析与排除［M］．6版．北京：高等教育出版社．

周忠友，2017．汽车发动机拆装与检修［M］．北京：机械工业出版社．